Juliane Bleckmann | Valérie Dumont

Feen Drachen Könige

Fantasievolle Kostüme für die Kleinen zum Nähen

Bassermann Inspiration

Dieses Buch entstand aus unserer Freude am Spiel. Es ist auch die Freude an der Gemeinsamkeit, das Resultat von heimlicher Übereinstimmung zwischen den Kindern und uns, wollen wir doch deren Vorstellungen verwirklichen, als wären es unsere eigenen.

Die Verkleidungen verstecken nicht, sie enthüllen. Sie enthüllen nämlich die fantasievolle Welt der Kinder und gehen quer durch die Rollen. Das Kind träumt heute von einem schrecklichen Ungeheuer, morgen von einer zarten Maus und später dann von einem erbarmungslosen Samurai. Verkleidung ist ein Vorwand für eine mitreißende Fahrt in das Innere der kindlichen Seele.

Dieses Buch haben wir dem Thema entsprechend kreativ gestaltet, in künstlerischer Art. Denn Eltern wie Kindern soll ein Know-how vermittelt werden, das sie befähigt, ihre Verkleidungsträume zu verwirklichen – Kostüme ihrer Fantasie.

Aus diesem Grund wurden auch raffinierte Stoffe ausgewählt und die Kreationen bis ins letzte Detail ausgearbeitet. Diesem Leitfaden entsprechend, ist jedes Kostüm ein vertrautes, kostbares Stück geworden.

Wir hoffen, dass dieses Buch eine ideenreiche Quelle der Inspiration geworden ist ... wir jedenfalls haben eine unbeschreibliche Freude gehabt, während wir daran arbeiteten.

Valérie und Juliane

Inhalt

Abbildungen/Anleitungen

Der Koch

Anleitung S. 37

DAS LOKAL
gibt keinen
KREDIT

es war einmal ...

Dornröschen

Anleitung S. 39

Rotkäppchen
Anleitung S. 41

Der König

ANLEITUNG S. 44

Der Löwe

Anleitung S. 47

Der Dompteur

Anleitung S. 50

Die Waldfee

Anleitung S. 52

Die Fledermaus

Anleitung S. 54

Der Matrose

Anleitung S. 57

PRÉCIS
DE
COUTURE
I
COUTURE USUELLE

Der Fliegenpilz

Anleitung S. 60

Kleines Bauernmädchen

Anleitung S. 62

Der Samurai

Anleitung S. 65

Der gestiefelte Kater

Anleitung S. 68

Das Entenküken

Anleitung S. 71

Die Wasserfee

ANLEITUNG S. 73

Der Drache

Anleitung S. 75

Die Maus

Anleitung S. 78

Praktischer Teil

Da es sich um Verkleidungen handelt und nicht um alltägliche Kleidungsstücke, sind bestimmte Schritte der Herstellung einfach. Die Stoffkanten werden nicht versäubert, und es nicht immer notwendig, zu heften. Die Kostüme sind nicht durchgehend gefüttert, nur da, wo es sein muss. Die Accessoires stehen an erster Stelle, erst durch sie werden die Verkleidungen komplett.

★ Die Stoffe

• Die meisten Stoffe sind mit einer Appretur versehen, einige von ihnen können beim Waschen einlaufen. Daher empfehlen wir Ihnen, die Stoffe zu waschen und zu bügeln, bevor Sie darangehen, sie zuzuschneiden und zu nähen.
• Halten Sie ein Bügeleisen und ein Bügelbrett bereit. So können Sie die Einzelteile nach ihrer Anfertigung nacheinander bügeln, Nahtzugaben auseinanderbügeln, Säume glätten und saubere Ecken anfertigen.
• Einige Stoffe sind äußerst vorsichtig zu verarbeiten: Nähen Sie Kunstleder mit großen Stichen und mit einer feinen Nadel auf der Rückseite oder auf der Seite des Futters. Wollfilz ist mit von der Partie. Er kann mit der Zeit ausleiern und beim Waschen verschleißen, aber er franst nicht aus. Es ist wichtig, die Teile auf der linken Seite zu heften, denn sie sind mit der Nähmaschine sehr schwierig zu nähen.
Der falsche Rasen wird prinzipiell von Hand genäht.

★ Das Material

• Zum Zuschneiden:
eine glatte Arbeitsfläche, ein Metermaß, Lineal, Kreidestift, Stecknadeln mit einem Metallkopf, die unter dem heißen Bügeleisen nicht schmelzen, Schnittmusterpapier, eine Papierschere, eine Schneiderschere, Stoffkreide
• Zum Nähen:
eine Nähmaschine, Nadeln für die Nähmaschine, Nähnadeln, Fingerhut, Nahttrenner, Nähfaden, Nähseide, Fadenschneider

Kleines Glossar

Baumwoll-Nahtband
Gewebtes Baumwoll-Nahtband für schräge Kanten, Ausschnitte und spitze Ecken.

Doppelt eingeschlagener Saum
Die Stoffkante 1 cm umlegen und anschließend noch ein zweites Mal 2 cm umlegen. Den Saum bügeln und feststecken.

Einlage oder Bügelvlies
Imprägniertes Gewebe mit Klebstoff, das mit dem heißen Bügeleisen aufgebügelt werden kann. Man benötigt es, um den Stoff zu verstärken.

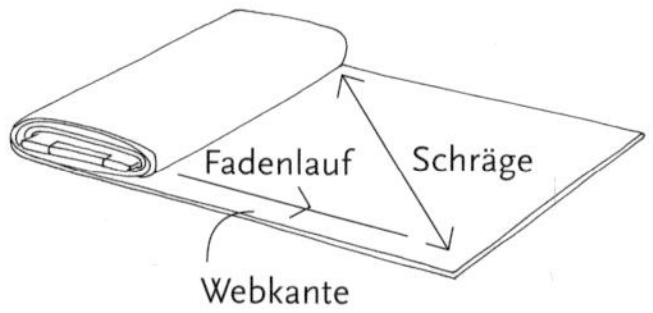

Fadenlauf
Er zeigt die Webrichtung des Stoffes an und liegt meist parallel zur Webkante.

Heften
Der Arbeitsgang, bei dem zwei Stoffteile mit großen Stichen (Heftstichen) provisorisch zusammengefügt werden, um ein gutes Endergebnis zu erzielen.

Kräuseln
Mit einem festen Faden oder einem Gummifaden große Stiche nähen und anschließend den Faden anziehen. Die Kräuselfalten gleichmäßig über die Stoffbreite verteilen.

Staffiernaht
Mit ihr schließt man eine Naht unsichtbar von Hand. Mit der Nadel an der Stoffkante einen Stich setzen, dann an der gegenüberliegenden Stoffkante einen einzelnen Stofffaden aufnehmen. Von rechts nach links arbeiten.

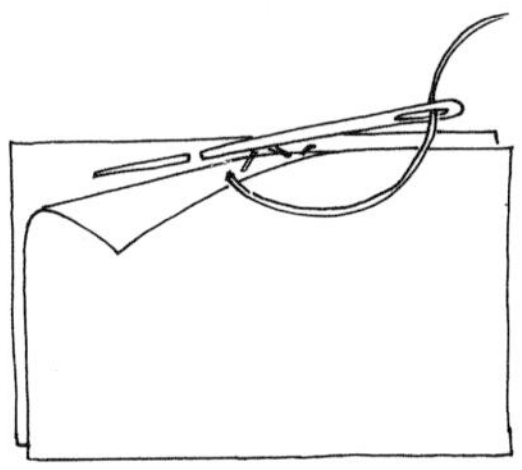

Steppnaht
Diese Naht wird auf der rechten Seite des Stoffes, 3 mm von der Stoffkante entfernt, durchgeführt.

Stoffbruch
Das ist die Kante, an der der Stoff zur Hälfte gefaltet ist. Direkt an dieser Kante legt man Schnittmuster der Länge nach an, wenn man ein perfekt symmetrisch zugeschnittenes Teil erhalten möchte.

Überwendlingsstich
Diesen Stich verwenden Sie, um zwei Stoffteile kantengleich zusammenzunähen. Er entsteht durch nah aneinandergesetzte senkrechte Stiche von rechts nach links.

Umschlagen
Den Stoff zur linken Seite hin einschlagen.

Ein Schnittmuster verwenden

Bevor Sie ein Schnittmuster ausschneiden, kennzeichnen Sie alle benötigten Teile auf dem Schnittmusterbogen mit einem farbigen Filzstift. Dann legen Sie das Schnittmusterpapier darüber und übertragen alle benötigten Teile auf dieses Papier.

Auf den Schnittmusterteilen finden Sie immer eine Zahl, die Ihnen sagt, wie oft Sie das Teil aus Stoff zuschneiden müssen.

Bevor Sie das Schnittmuster auf dem Stoff platzieren, sollten Sie sich vergewissern, dass die rechte Stoffseite oben liegt, und auf den Fadenlauf achten. Die meisten Stoffe, die es zu kaufen gibt, liegen doppelt; dabei liegt die rechte Stoffseite innen. Bei Stoffen mit Mustern, die eine bestimmte Richtung aufweisen, müssen Sie alle Schnittteile in derselben Richtung auflegen.

Bei Schnittmustern, die nur die Hälfte eines Teils abbilden, müssen Sie den Stoff der Länge nach doppelt legen und das Schnittteil direkt am Stoffbruch positionieren.

Das Papierschnittmuster auf der rechten Stoffseite feststecken und die Markierungspunkte des Schnittmusters auf den Stoff übertragen.

Alle Schnittmuster, für die man Größenangaben benötigt, sind in drei unterschiedlichen Größen angegeben: 4 Jahre/Körpergröße 100 cm, 6 Jahre/Körpergröße 110 cm und 8 Jahre/Körpergröße 120 cm. Für den Kopf: 4 Jahre/53 cm Kopfumfang, 6 Jahre/54 cm Kopfumfang und 8 Jahre/55 cm Kopfumfang.

Die Länge von Hosen oder Kleidern passen Sie am besten individuell der Größe Ihres Kindes an.

Die Nahtzugaben sind bei den angegebenen Schnitten nicht enthalten. Daher müssen Sie an allen Nahtseiten 1 cm und bei Säumen mit doppeltem Umschlag 3 cm zugeben.

Grundanleitung für ein Oberteil

Die benötigten Materialien sind für jede Verkleidung bei der Anleitung angegeben.

So wird's gemacht

1 Rücken- und Vorderteil rechts auf rechts legen und feststecken. Die Seiten- und Schulternähte schließen.

2 Die Ärmel zur Hälfte rechts auf rechts legen, mit Stecknadeln sichern und absteppen.

3 Für den Besatz das gefalzte Schrägband auseinanderfalten und bügeln. Das Band auf der rechten Seite am Halsausschnitt feststecken, nähen, nach innen legen, bügeln, mit 3 mm Abstand zur Stoffkante steppen.

4 Die Ärmel rechts auf rechts an die Armausschnitte stecken und über die gesamte Rundung feststeppen. Das Oberteil nach rechts wenden und bügeln.

5 An der Unterkante des Oberteils und an den Ärmeln einen doppelt eingeschlagenen Saum arbeiten.

Zuschnittplan

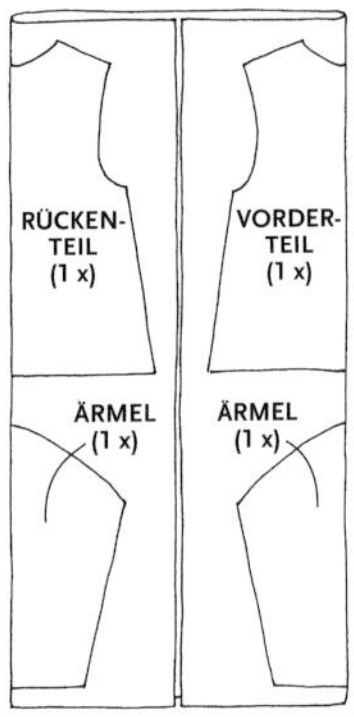

1

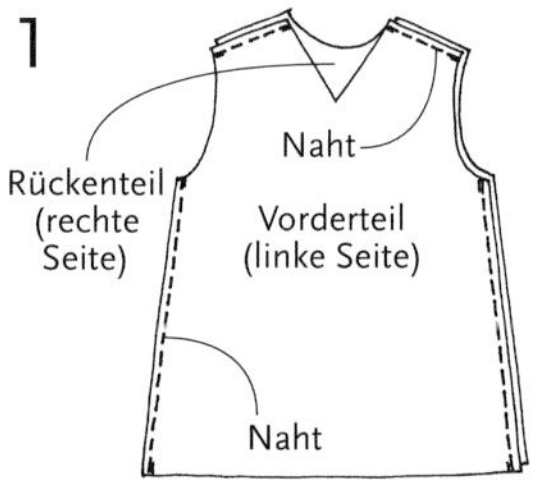

2

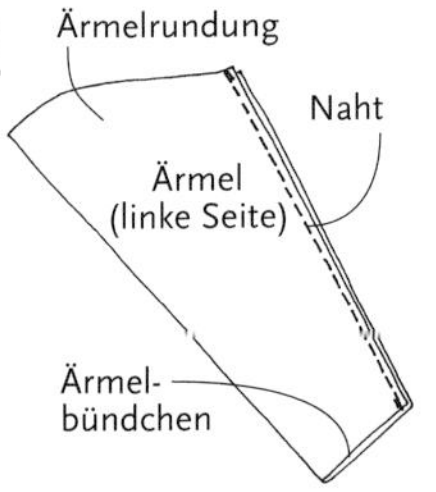

3

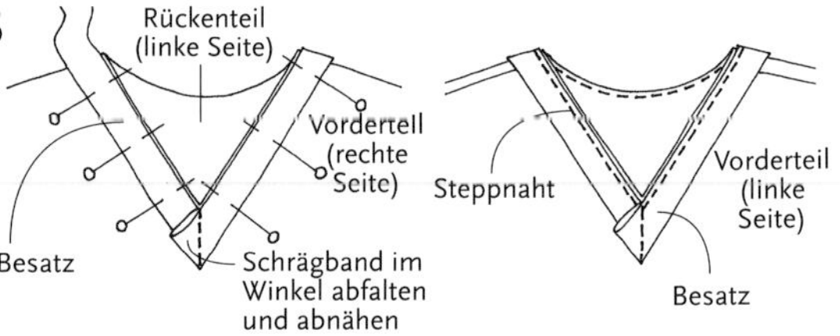

4

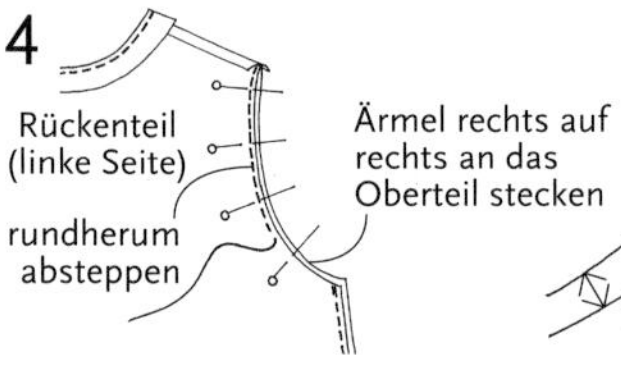

5

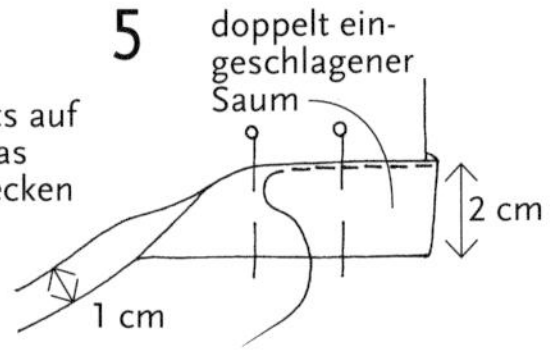

Die benötigten Materialien sind für jede Verkleidung bei der Anleitung angegeben.

SO WIRD'S GEMACHT

1 Rücken- und Vorderteil rechts auf rechts legen und feststecken. Die Seiten- und Schulternähte schließen.

2 Vom Schrägband 15 cm abschneiden, mittig am rückwärtigen Halsausschnitt feststecken und annähen.

3 In der Bandmitte einen 13 cm langen Schlitz einschneiden, am Ende zwei kleine schräge Schnitte setzen. Nach links wenden und oben zwei Stoffbänder annähen.

4 Das Schrägband für den Halsausschnitt und die Armausschnitte auf der rechten Seite feststecken, steppen, nach innen legen, bügeln und mit 3 mm Abstand zur Stoffkante absteppen.

5 An der Unterkante des Kleides einen doppelt eingeschlagenen Saum arbeiten.

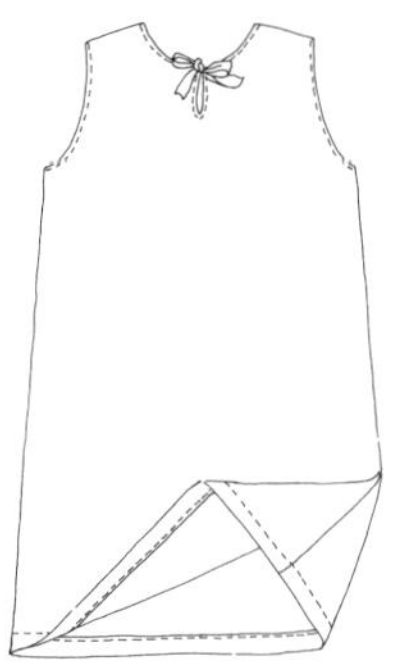

Zuschnittplan

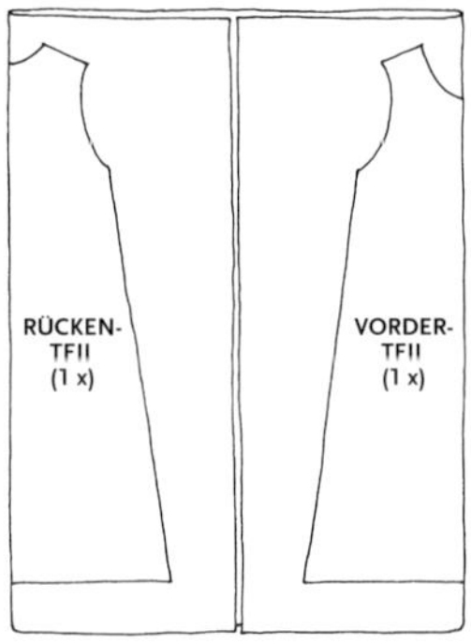

1

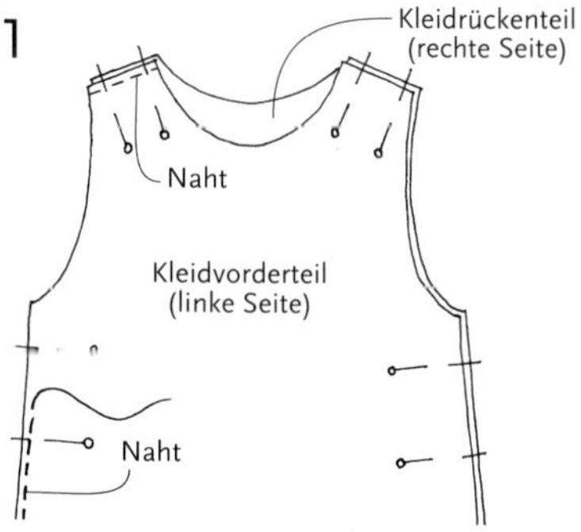

2

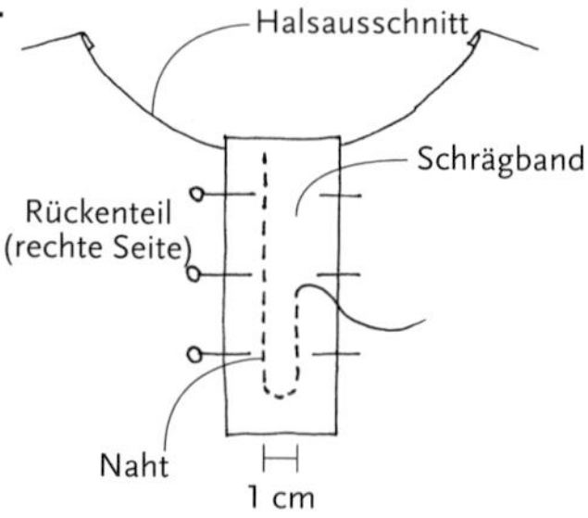

3

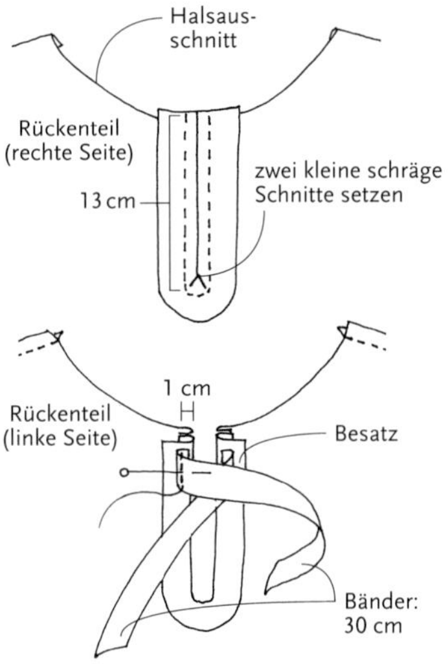

4

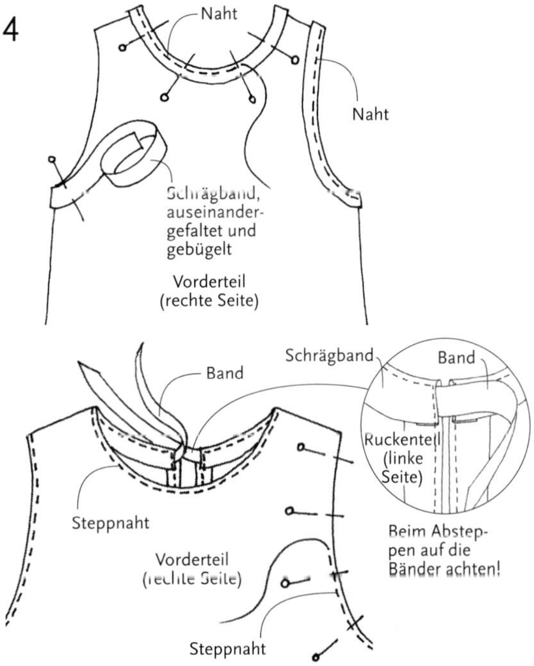

5

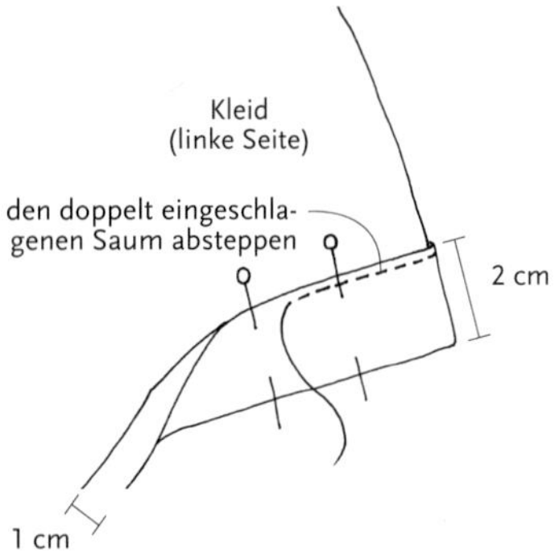

Grundanleitung für eine Hose

Die benötigten Materialien sind für jede Verkleidung bei der Anleitung angegeben.

So wird's gemacht

1 Die Naht im Schritt zwischen den beiden Hosenbeinen schließen, dabei an der Hosenrückseite 1 cm von der Bundkante entfernt eine Öffnung von 1,5 cm lassen.

2 Die Beinnaht schließen.

3 Für den Hosenbund den Stoff zweimal einschlagen (1 cm + 2 cm) und absteppen. In die Öffnung am Bund mit einer Sicherheitsnadel das Gummiband einziehen, die Enden aneinandernähen.

4 Den Hosensaum zweimal einschlagen und absteppen.

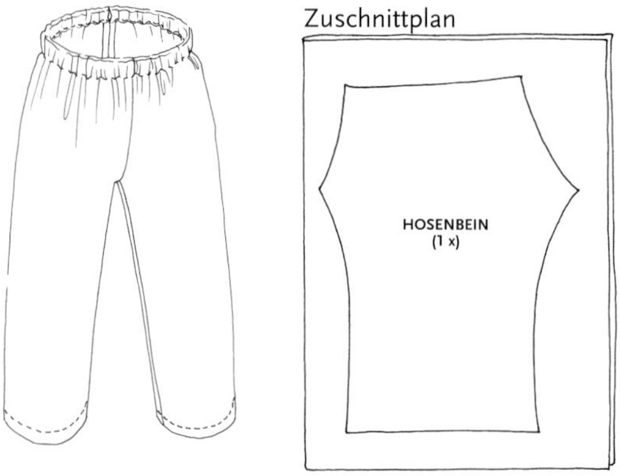

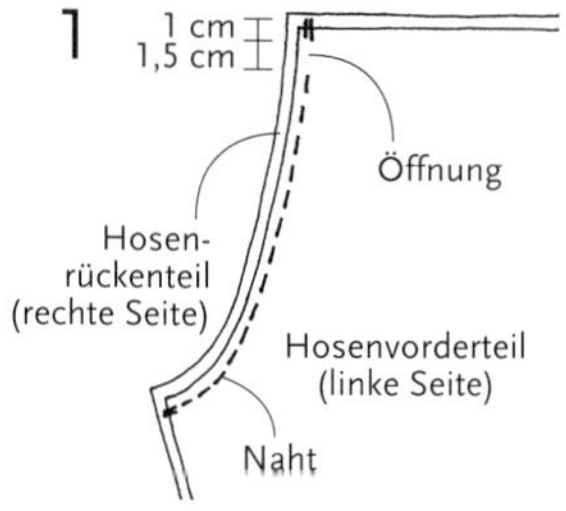

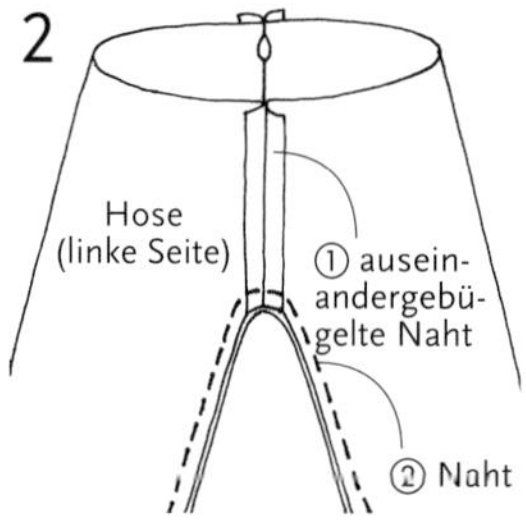

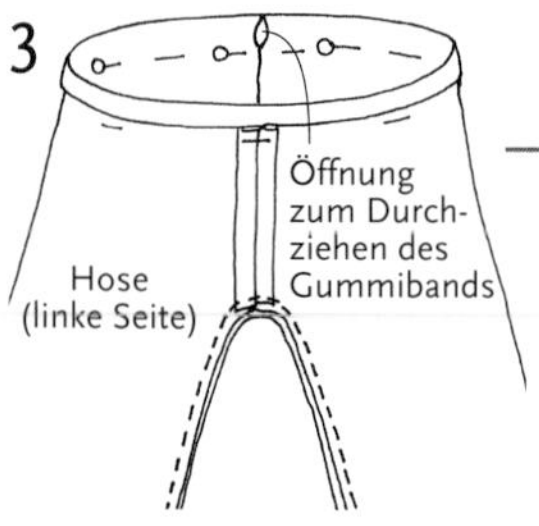

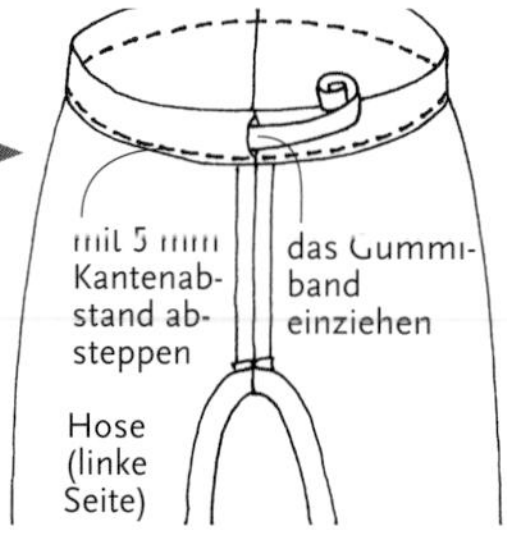

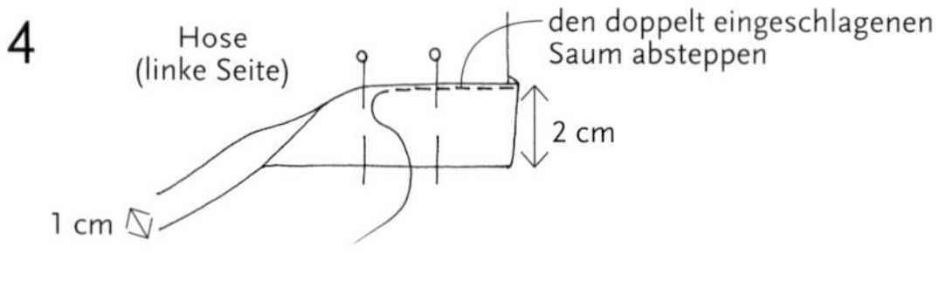

Grundanleitung für einen Pompon

Materialien

- fester Karton, 25 x 15 cm
- Wolle oder zerrissene Bänder von 2 cm Länge

So wird's gemacht

1 Aus dem Karton zwei Kreise mit jeweils 10 cm Durchmesser zuschneiden. In die Mitte der Kreise zwei Löcher mit 4 cm Durchmesser schneiden. Die Kartonkreise aufeinanderlegen und mit Wolle oder Stoffbändern umwickeln.

2 Entlang der Außenseite das Garn durchschneiden. Die beiden Kartonkreise leicht auseinanderbiegen, sodass man einen Faden durchziehen kann. Den Faden mit einem doppelten Knoten sichern und die Kartonkreise entfernen. Den Pompon formen.

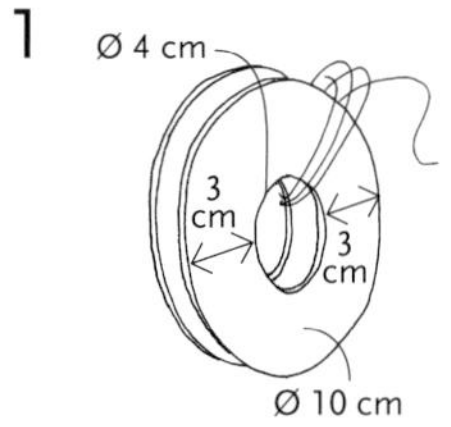

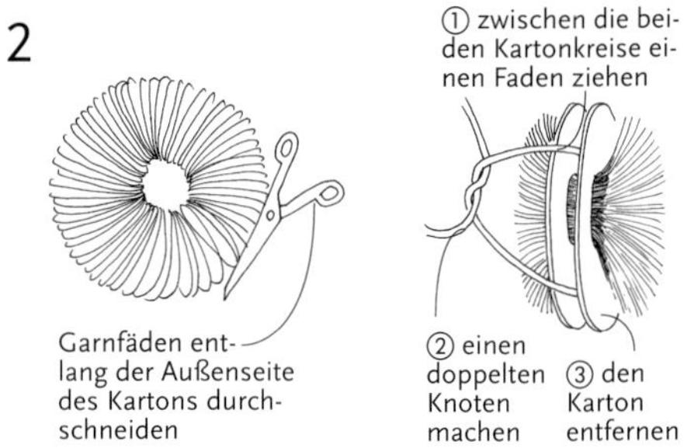

Der Koch > Seite 4

► Jacke, Hemdbrust Seite A auf dem Schnittmusterbogen; Hose Seite B
Schwierigkeit: **

Materialien

Die Jacke
– 1 m weißer Baumwollstoff, 1,40 m breit
– Klettverschluss, 4 cm lang und 2 cm breit (in zwei Teile schneiden)
– 60 cm weißes Schrägband, 2 cm breit

Die Hose
– 1 m Baumwollstoff im Hahnentritt- oder Karomuster, 1,40 m breit
– 65 cm Gummiband, 1,5 cm breit

Die Schürze
– weißer Baumwollstoff, 46 x 46 cm
– 2 m weißes Baumwoll-Nahtband, 4 cm breit

Die Mütze
– weißes Papier (80 g), 90 x 90 cm, für die Kugel
– 1,2 m weißes Baumwoll-Nahtband, 5 cm breit
– Heftapparat
– doppelseitiges Klebeband
– weißer Karton (200 g), 60 x 40 cm für die Banderole

Die Medaille
– weißer Karton, rundes Torten Spitzenpapier, runde Gebäckschale
– 50 cm orangefarbenes Baumwoll-Nahtband, 2 cm breit
– Acrylfarbe in Orange
– Pinsel oder Korken
– Klebstoff in der Tube

Accessoires
– 1 Paar weiße Gymnastikschuhe
– Textilfarbe in Grau, Weiß, Schwarz und Orange
– Bleistift, 2B

So wird's gemacht

1 Aus dem Hahnentritt- oder Karomusterstoff die Hose nähen (siehe Praktischer Teil, S. 36).

2 Die Jacke aus dem weißen Baumwollstoff nähen (siehe Praktischer Teil, S. 34).

3 **Die Jacke des Kochs anfertigen:** Mithilfe des Schnittmusters die Hemdbrust zuschneiden. Rundherum 1 cm einschlagen und bügeln. Auf der rechten Jackenseite die Hemdbrust mittig feststecken, dabei am Saum beginnen. Die beiden Klettverschlüsse oben auf die Hemdbrust und auf die Jacke nähen. Die Knöpfe auf Papier vorzeichnen und ausmalen: Verwenden Sie eine Farbnuance für die Knöpfe, eine dunklere für den Schatten und eine hellere für die Lichtreflexe. Tragen Sie kräftig Farbe auf, um die Licht-und-Schatten-Effekte zu betonen.

4 **Die Schürze anfertigen:** Die vier Seiten des Stoffquadrats einschlagen, das Baumwoll-Nahtband für den Bund mittig aufstecken und annähen. Mit Pinsel und Farbe ein witziges Menü auf die Schürze malen.

5 **Die Haube anfertigen:** Aus dem weißen Papier einen Kreis und aus dem Karton einen Streifen ausschneiden. Den Kopfumfang Ihres Kindes abmessen, 0,5 cm zugeben und den Kartonstreifen in dieser Länge zuschneiden. Aus dem Papierkreis eine Kugel formen und an den Kartonstreifen tackern. Zum Schluss die Heftklammern mit dem Baumwoll-Nahtband abdecken, indem Sie dieses mit doppelseitigem Klebeband außen und innen auf den Kartonstreifen kleben.

6 **Die Medaille anfertigen:** Den weißen Karton, das Torten-Spitzenpapier, die Gebäckschale und das zur Hälfte gefaltete orangefarbene Baumwollband übereinanderlegen. Den weißen Karton mit dem Korken oder von Hand beschriften.

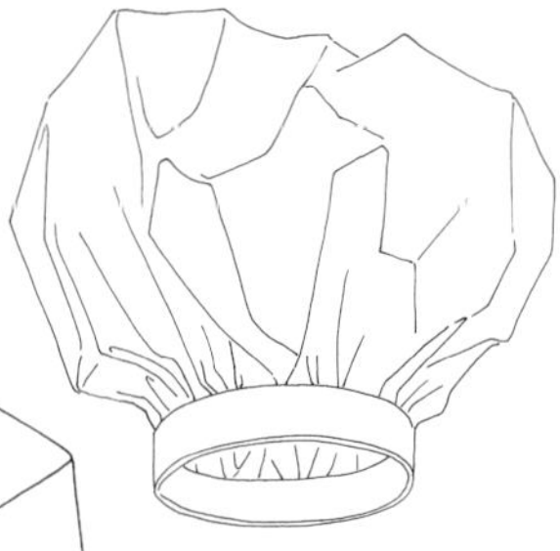

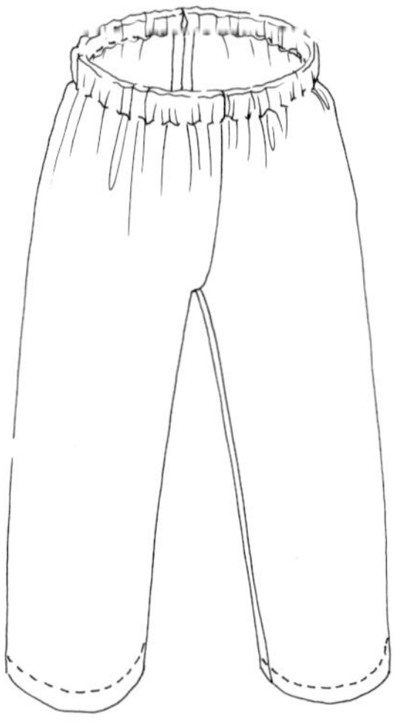

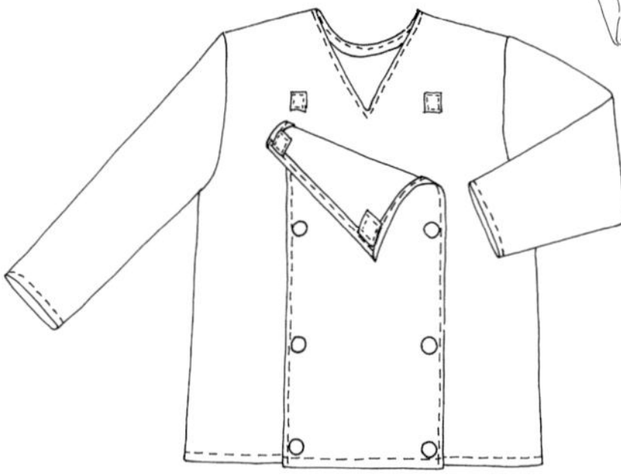

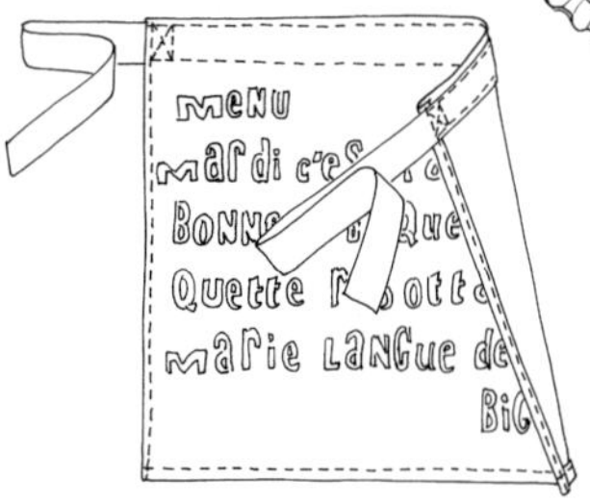

3 Die Jacke des Kochs anfertigen

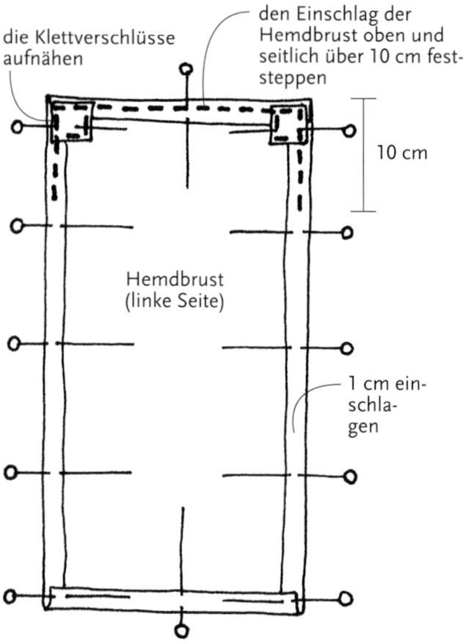

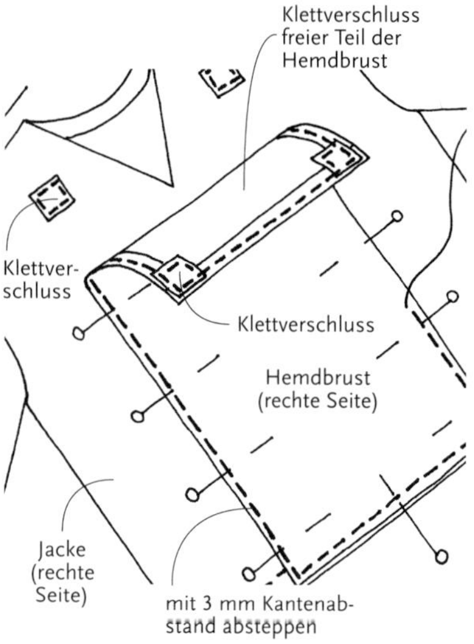

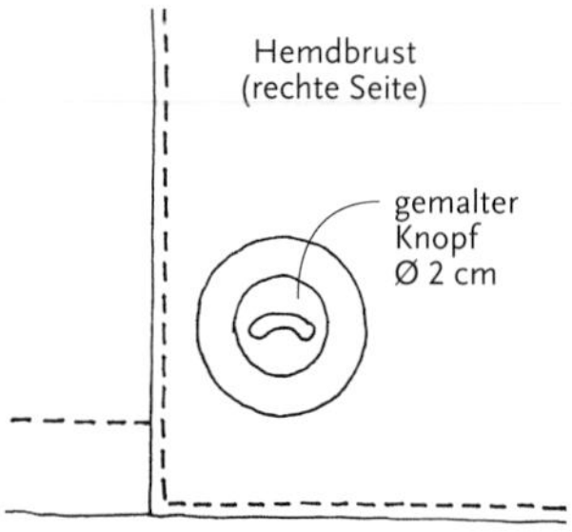

4 Die Schürze anfertigen

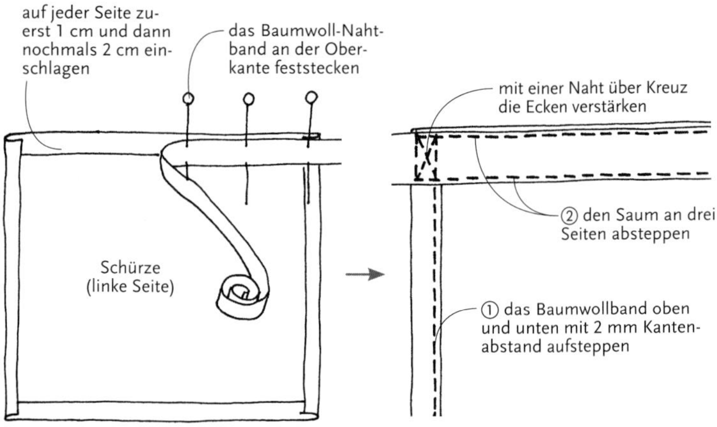

5 Die Haube anfertigen

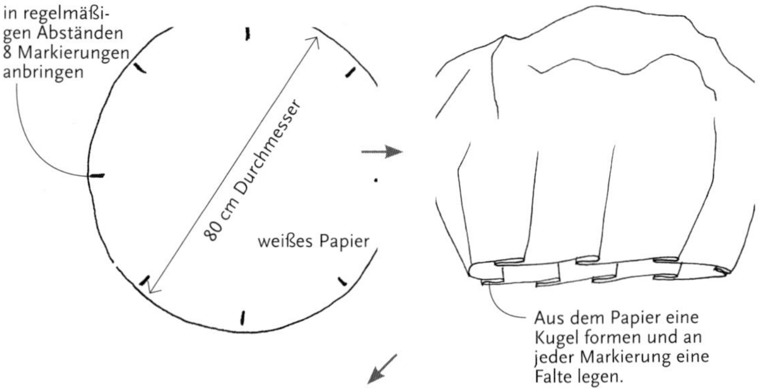

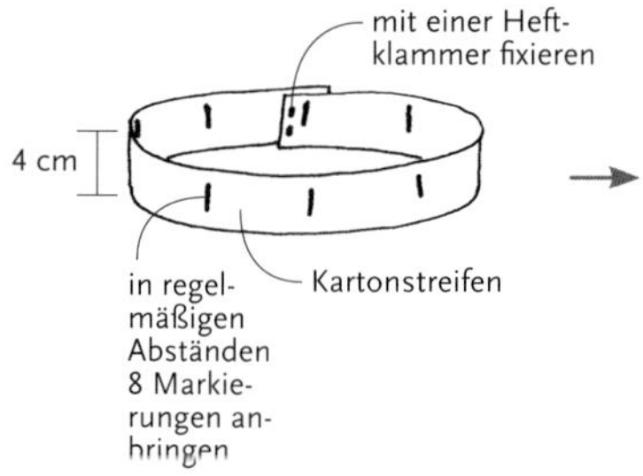

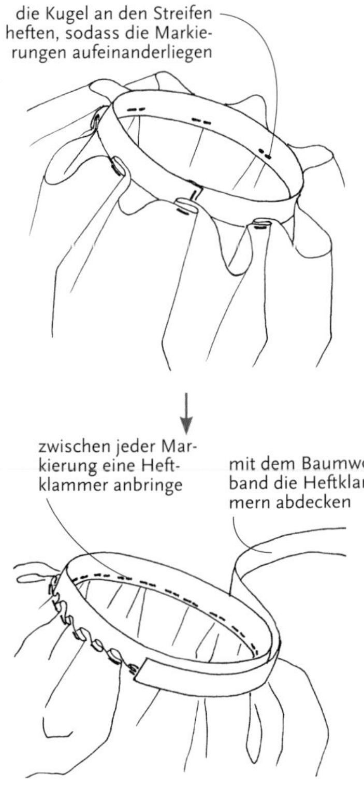

6 Die Medaille anfertigen

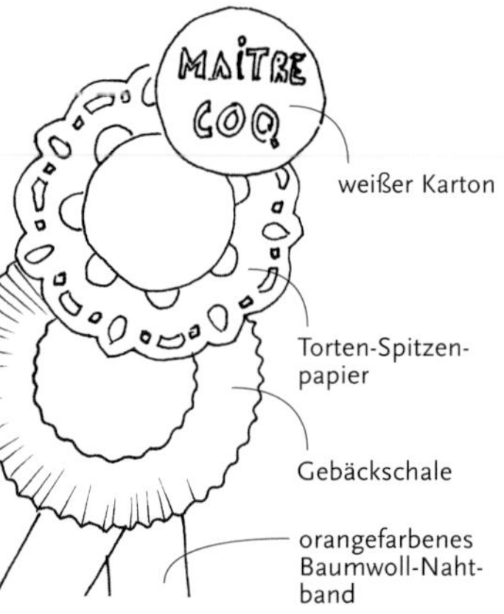

Dornröschen > Seite 6

▸ Kleid Seite A auf dem Schnittmusterbogen
Schwierigkeit: ✻

Materialien

Das Kleid

– 1,10 m Leinenstoff in Beige, 1,40 m breit
– 1,20 m Spitzenband, 7 cm breit
– 10 unterschiedlich große, runde Häkeldeckchen
– rotes Stickgarn
– 1,50 m beigefarbenes Schrägband, 3 cm breit

Die Blumenkrone

– Haarreif, 1 cm oder weniger breit
– 40 cm grünes Schrägband in der Breite des Haarreifs
– 4 – 5 große künstliche Blumen (etwa Pfingstrosen) und Blätter
– 1 Rolle festes Nähgarn

Accessoires

– 1 Paar Seidenballerinas
– weißes T-Shirt mit langen Ärmeln
– Spindel (Holzstock mit Wolle umwickelt)

So wird's gemacht

1 Das lange Kleid aus dem beigefarbenen Leinenstoff nähen (siehe Praktischer Teil, S. 35).

2 Dann die dekorativen Elemente auf dem Kleid anbringen: Das Spitzenband rechts auf den Kleidersaum feststecken und mit großen Stichen annähen. Die Enden des Spitzenbands von Hand mit großen Stichen zusammennähen.

3 Die Häkeldeckchen auf dem Rücken- und Vorderteil des Kleids ausgewogen verteilen und an den Außenkanten der Deckchen auf das Kleid nähen. In eine Nadel rotes Stickgarn einfädeln und außen auf die Häkeldeckchen Gruppen von zwei oder drei Kreuzstichen sticken.

4 **Die Krone anfertigen:** Das Schrägband der Länge nach zur Hälfte falten. Eine Breit- und die Längsseite absteppen, sodass ein Schlauch entsteht. Den Haarreif in den Schlauch fädeln und das Schlauchende von Hand zunähen. Oben am Haarreif die Blüten und das Blattwerk mit dem festen Nähgarn von Hand annähen.

2 Die dekorativen Elemente auf dem Kleid anbringen

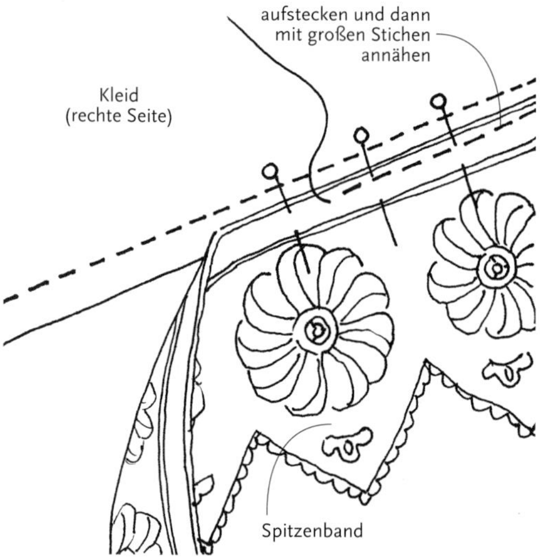

3 Die Häkeldeckchen auf dem Kleid anbringen

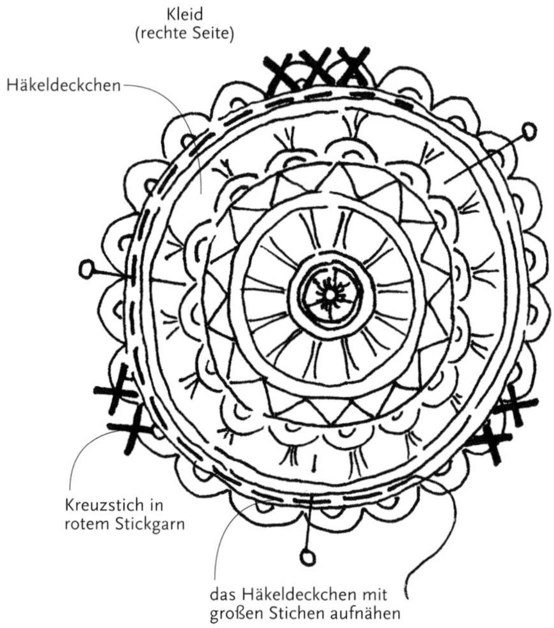

4 Die Krone anfertigen

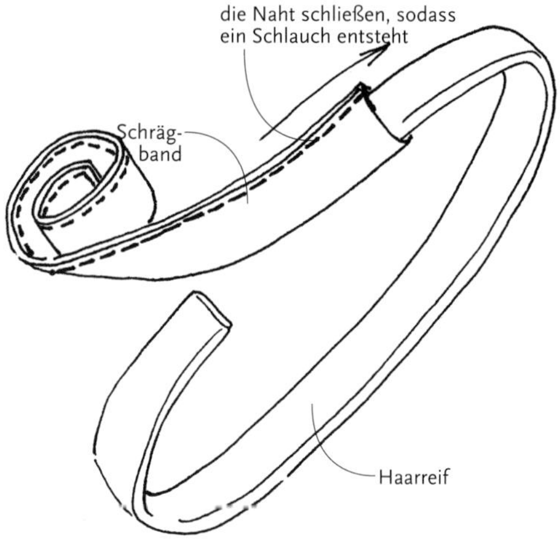

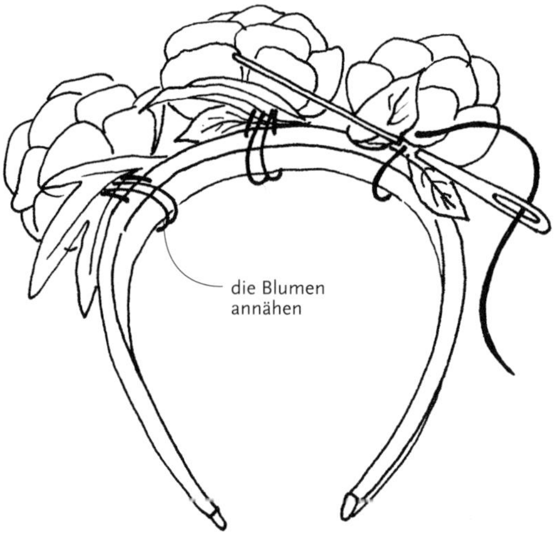

Rotkäppchen > Seite 8

▸ Kleid, Kapuze und Umhang Seite A auf dem Schnittmusterbogen
Schwierigkeit: ***

Materialien

Das Kleid
- 1,10 m Leinenstoff in Wollweiß, 1,40 m breit
- 1,50 m Schrägband in Wollweiß

Der Umhang und die Schürze
- 1,50 m roter Wollstoff, 1,40 m breit
- 80 cm Karostoff in Rot, 1,40 m breit
- 40 cm Gummiband, 1,5 cm breit (für die Schürze)
- 1,40 m rotes Baumwoll-Nahtband, 3 cm breit

Accessoires
- 1 Paar dicke Socken
- 1 Paar rote Pantoffeln
- graue Strumpfhose
- weißes T-Shirt mit langen Ärmeln
- kleiner Korb
- Tuch für den Korb

So wird's gemacht

1 Aus dem Leinenstoff in Wollweiß das Kleid nähen (siehe Praktischer Teil, S. 35).

2 **Die Schürze anfertigen:** Aus dem roten Karostoff ein Rechteck von 30 x 40 cm Größe zuschneiden und an den schmalen Seiten doppelt einschlagen. Am unteren Schürzenrand einen doppelt eingeschlagenen Saum arbeiten und am oberen Schürzenrand den Stoff für den Tunnelzug einmal umschlagen und absteppen. Auf der Rückseite dieses Tunnels das Baumwoll-Nahtband mittig aufstecken und festnähen; die Bandenden nutzt man zum Binden der Schürze. Das Gummiband in den Schürzentunnel einziehen und die Enden fixieren.

3 **Den Umhang und die Kapuze vorbereiten:** Die Schnittmusterteile des Umhangs und der Kapuze auf dem roten Wollstoff feststecken und die Teile zuschneiden. Die Kapuzenteile zusätzlich aus rotem Karostoff zuschneiden (Futter).

4 Die Vorderteile des Umhangs rechts auf rechts an das Rückenteil nähen. Die Nahtzugaben mit dem Bügeleisen auseinanderbügeln.

5 Die rückwärtige Kapuzennaht beim Wollstoff und beim roten Karostoff schließen. Die Nahtzugaben auseinanderbügeln. Die beiden Kapuzenteile rechts auf rechts aufeinanderlegen und vorne rund um die Öffnung feststecken und zusammennähen. Die Kapuze nach rechts wenden und leicht bügeln.

6 Die Kapuze rechts auf rechts am Halsausschnitt des Umhangs feststecken, ohne das Futter zu erfassen, und absteppen. Das Futter so am Halsausschnitt feststecken und annähen, dass die erste Naht verdeckt ist.

7 Aus rotem Karostoff zwei Bänder zuschneiden und diese am Halsausschnitt des Umhangs feststeppen.

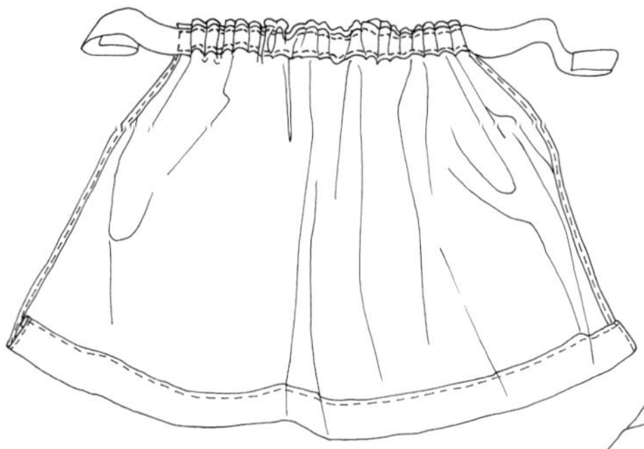

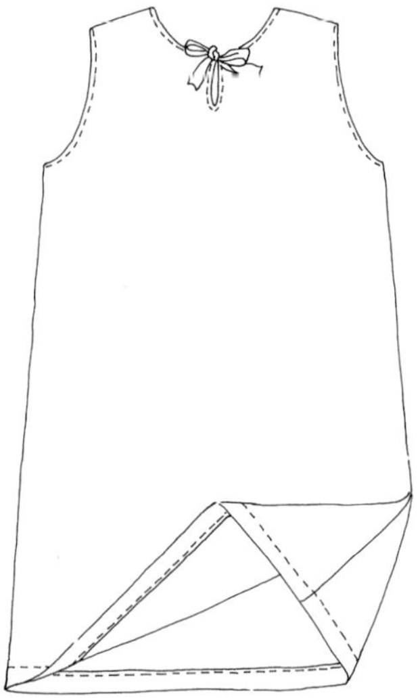

2 Die Schürze anfertigen

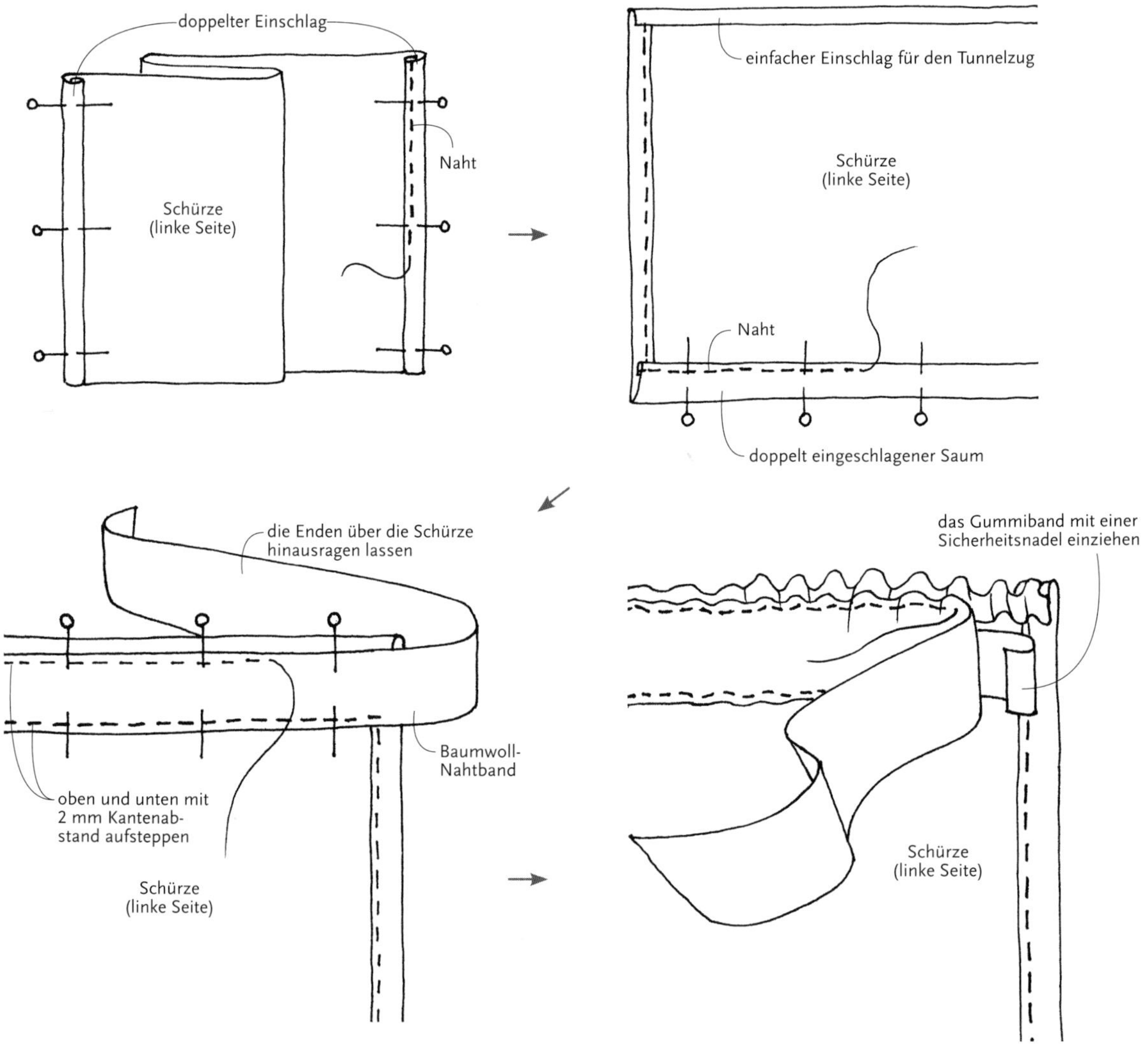

4 Die Vorderteile des Umhangs an das Rückenteil nähen

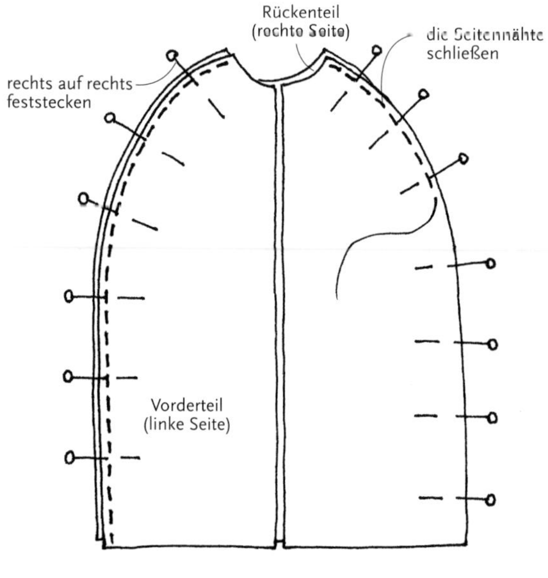

5 Die Kapuze vorbereiten

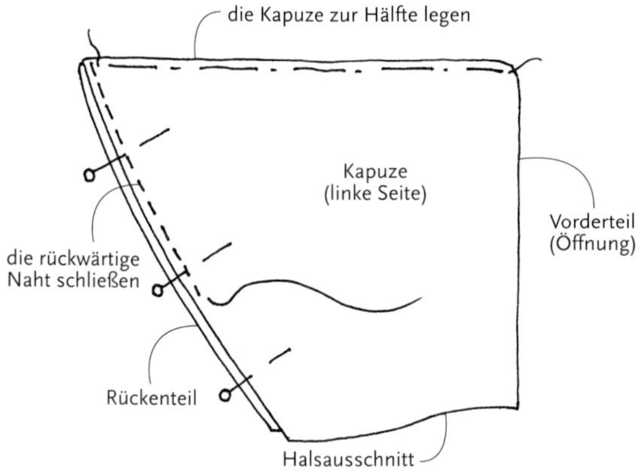

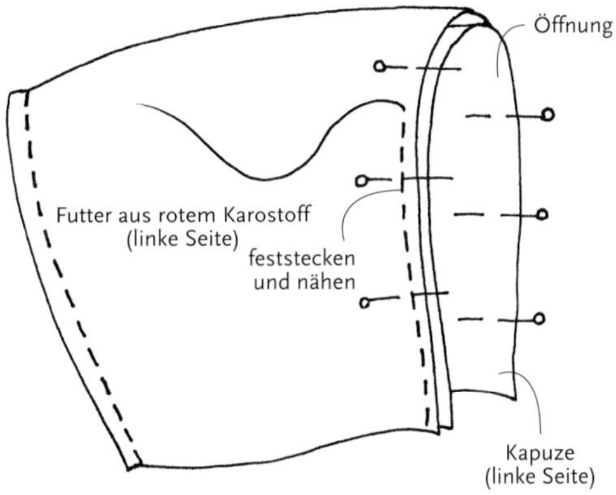

6 Die Kapuze an den Umhang nähen

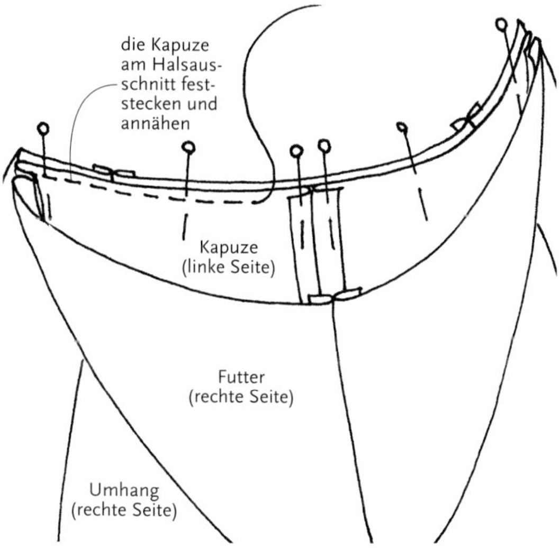

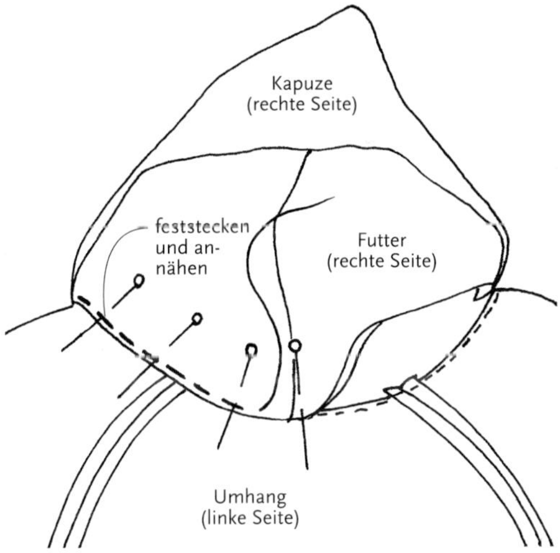

7 Fertigstellung

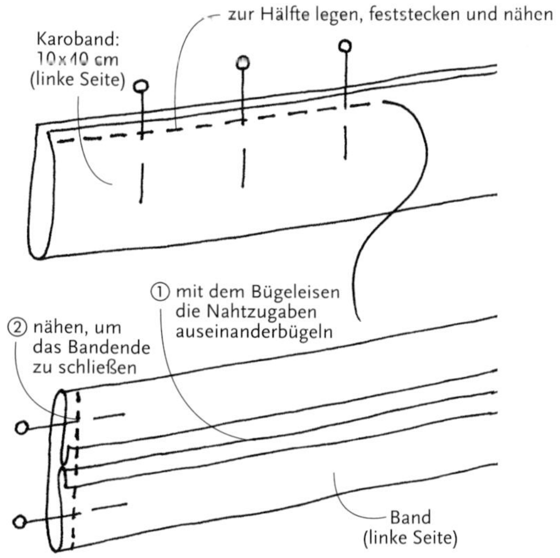

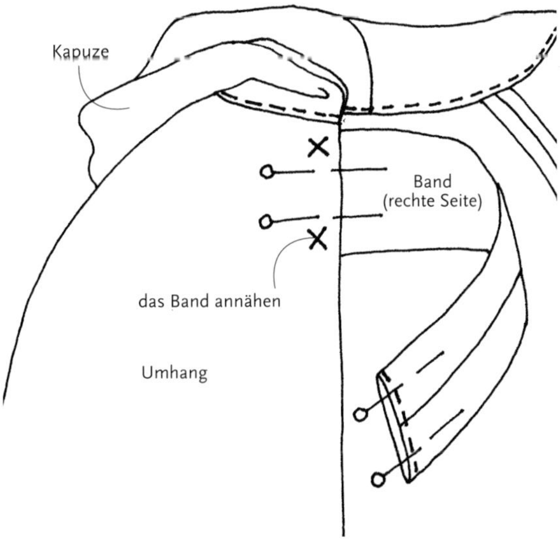

Der König > Seite 9

▸ Kleid Seite A auf dem Schnittmusterbogen;
Krone Seite B
Schwierigkeit: ***

Materialien

Das Kleid

- 1,10 m Leinen in Wollweiß, 1,40 m breit
- Kunstpelz in Hermelinoptik, 0,10 x 1,40 m

Das Cape und der Umhang

- 1 m Kunstpelz in Hermelinoptik, 1,40 m breit
- 1,20 m roter Baumwollstoff, 1,40 m breit

Die Krone

- 20 cm Leinen in Wollweiß, 1,40 m breit
- Molton, 60 x 20 cm
- selbstklebende rote Glassteine und 7 kleine goldene Perlen

Die Kette

- Kette oder goldenes Band, 60 cm lang, Muscheln und große Perlen
- Acrylfarbe in Gold

Die Pompons

- Reste roter Bänder, zerrissene Bänder

Accessoires

- weißes T-Shirt mit langen Ärmeln
- 1 Paar weiße Gymnastikschuhe
- weiße Strumpfhose
- selbstklebender Schnurrbart
- goldfarbener Gürtel

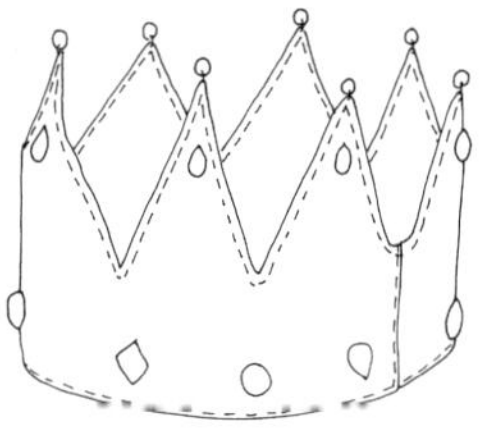

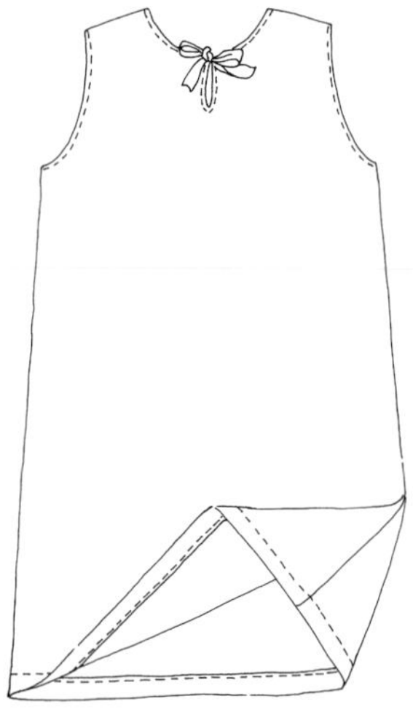

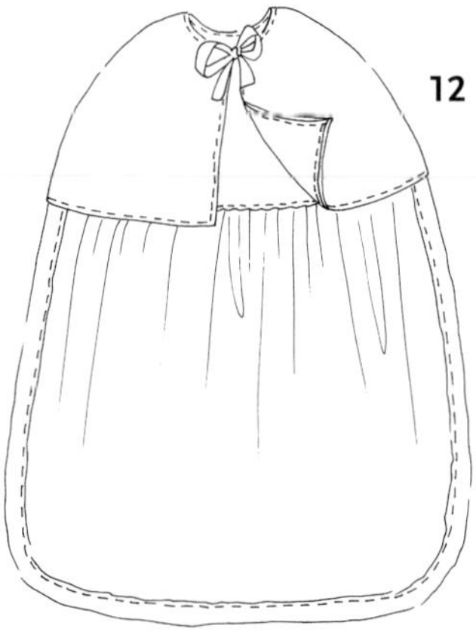

So wird's gemacht

1 Das kurze Kleid aus Leinen in Wollweiß nähen (siehe Praktischer Teil, S. 35).

2 Den Kleidersaum mit einem Kunstpelzstreifen einfassen.

3 **Den Umhang vorbereiten:** Aus rotem Baumwollstoff ein Rechteck von 75 x 90 cm Größe zuschneiden. Die beiden unteren Ecken abrunden. Die Seitenkanten und die Saumkante mit einem Kunstpelzstreifen einfassen.

4 **Das Cape vorbereiten:** Die Schnittteile nacheinander auf dem Kunstpelz und für das Futter auf dem roten Stoff aufstecken und zuschneiden. Das Rückenteil und die Vorderteile aus Kunstpelz aufeinanderlegen, die Seitennähte schließen. Die Teile aus Futterstoff ebenso nähen.

5 Für die Bindebänder zwei Streifen aus rotem Stoff anfertigen (siehe dazu Zeichnung 7, Seite 43).

6 Das Cape aus Kunstpelz und das Futter rechts auf rechts legen und feststecken. Vor dem Schließen der Außennaht (Halsausschnitt und Vorderteilkanten) die Bindebänder zwischen die beiden Stofflagen legen, feststecken und zusammennähen, dabei in Höhe des Saums eine Öffnung von 10 cm lassen. Das Cape wenden.

7 An der Oberkante des Umhangs einen Kräuselfaden einziehen. An den Außenseiten den Kräuselfaden anziehen, sodass das Rückenteil gekräuselt wird und die gleiche Breite wie das Cape hat.

8 Den Umhang und das Cape zusammenfügen: Die Oberkante des Umhangs zwischen den Kunstpelz und das Futter des Capes legen. In Höhe des Capesaums den Stoff einschlagen und entlang der Kante absteppen.

9 **Die Krone anfertigen:** Die Vorlage der Krone vom Schnittmusterbogen abnehmen und die Krone zweimal aus Leinen und einmal aus Molton zuschneiden. Die drei Stofflagen zusammennähen und die Krone wenden.

10 Den Kopfumfang des Kinds messen und den Umfang der Krone anpassen. Die Rückseite der Krone schließen. Die Krone mit Glassteinen und Perlen verzieren.

11 **Die Kette anfertigen:** Abwechselnd Muscheln und Perlen auf die Kette oder auf ein goldfarbenes Band fädeln oder kleben.

12 **Die Schuhe schmücken:** Zwei Pompons aus roten Bändern anfertigen (siehe Praktischer Teil, Seite 36) und vorne an den Gymnastikschuhen befestigen.

2 Den Kunstpelzstreifen an das Kleid nähen

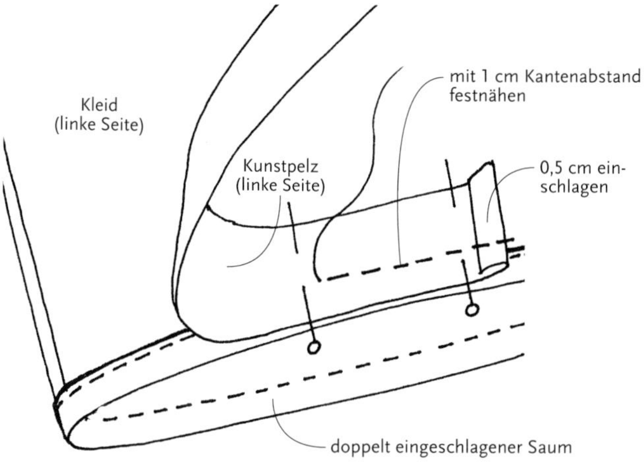

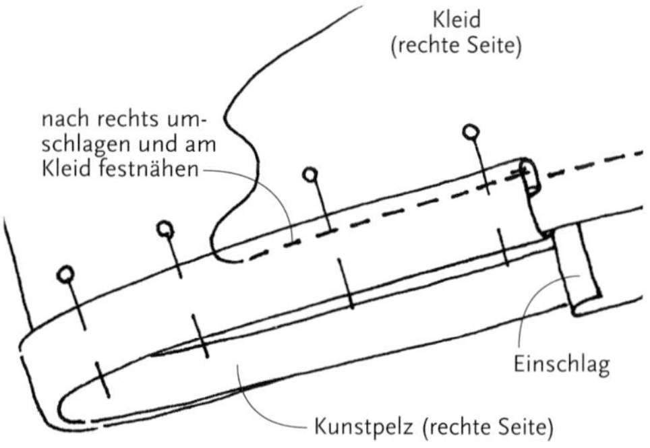

3 Den Umhang vorbereiten

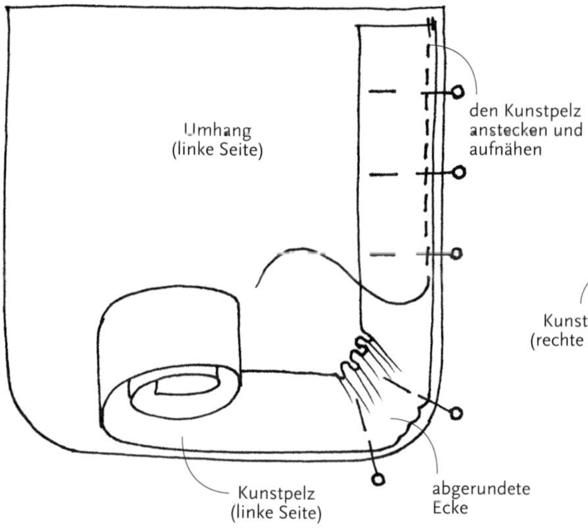

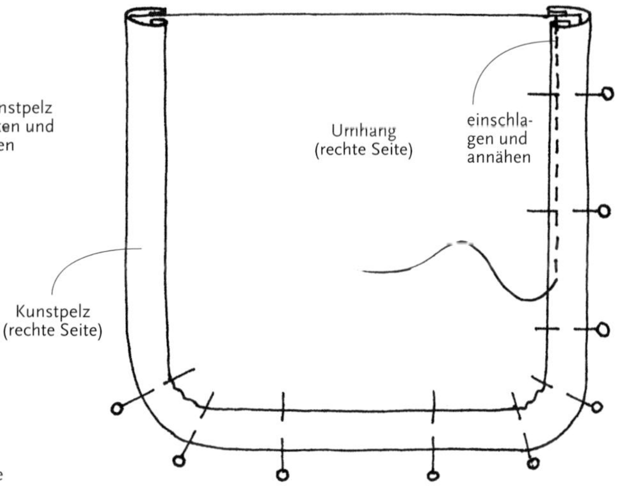

4 Das Cape vorbereiten

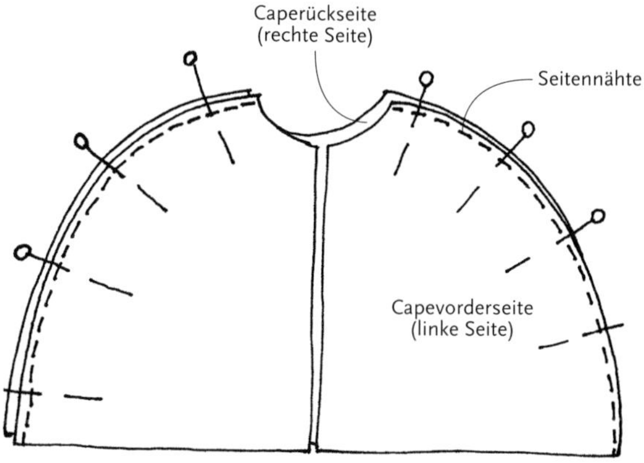

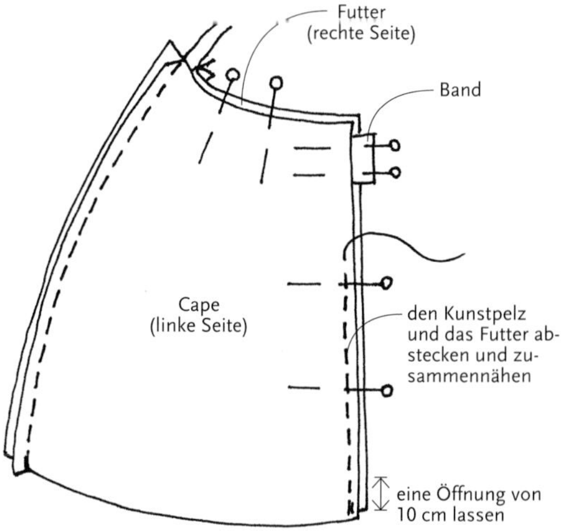

* die Teile des Futters in gleicher Weise zusammenfügen

7, 8 Den Umhang und das Cape zusammenfügen

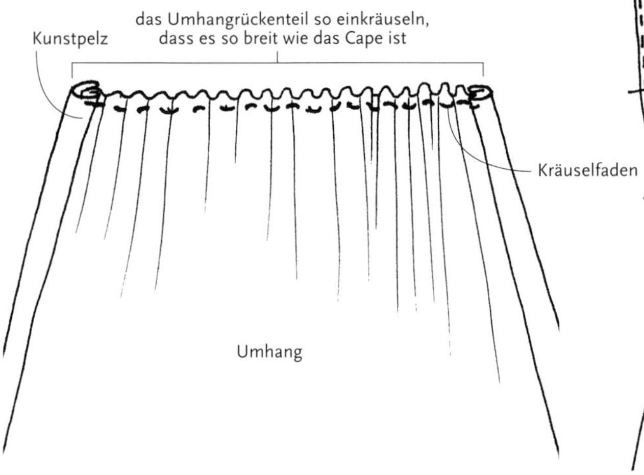

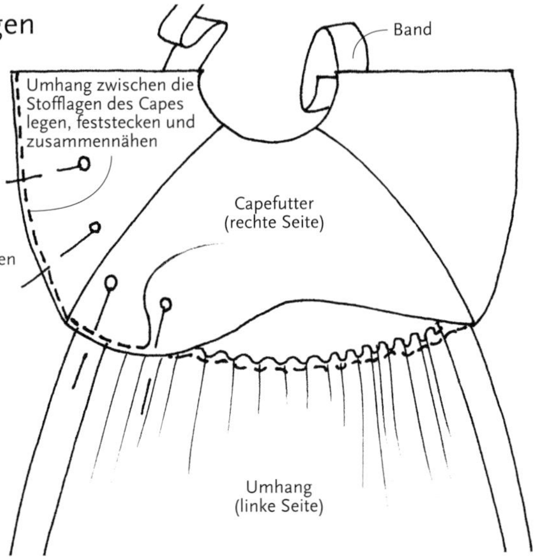

9 Die Krone anfertigen

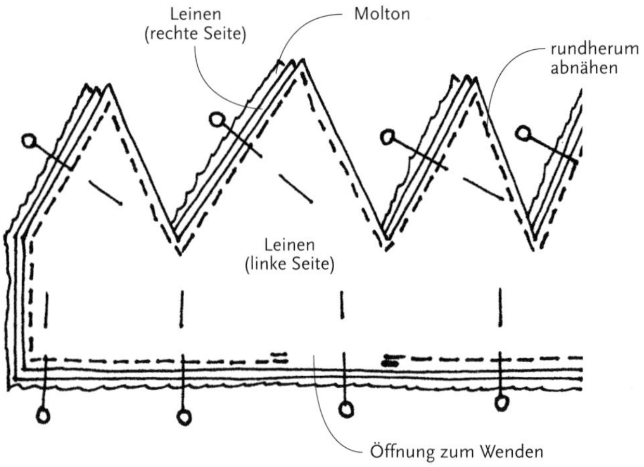

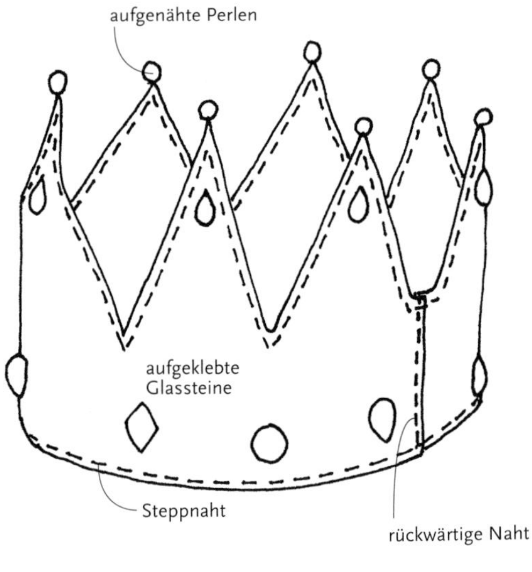

11 Die Kette anfertigen

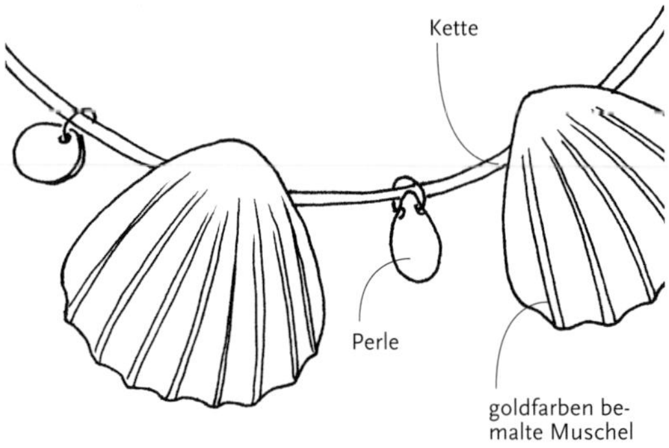

Der Löwe > Seite 10

▸ Oberteil Seite A auf dem Schnittmusterbogen; Hose und Krallen Seite B
Schwierigkeit: ✻✻

Materialien

Das Oberteil und die Hose

– 1,50 m Frotteestoff in Senfgelb, 1,40 m breit
– 60 cm Schrägband in Senfgelb, 5 cm breit
– 2 m Schrägband in Senfgelb, 5 cm breit
– 60 cm Gummiband, 1,5 cm breit (für die Hose)

Die Mähne

– 4 Stoffstücke, 15 x 50 cm, aus verschiedenen Stoffen zugeschnitten
– 4 Stücke doppelseitiges Klebevlies, 15 x 50 cm
– 4 Stücke Wollfilz in Braun
– leichter Karton, 3 x 55 cm (zur Verstärkung der Mähne)
– 1,40 m gefalztes Schrägband, 5 cm breit

Der Schwanz

– 1 m fester Baumwoll-Nahtband in Senfgelb, 3,5 cm breit
– 1 m dicke Sisalschnur

Die Pompons

– verschiedene Stoffstreifen

Accessoires

– Schnurrhaare zum Aufkleben
– Heftapparat
– 1 Paar Gymnastikschuhe
– 1 Paar schwarze Handschuhe mit einem Dreieck aus schwarzem Wollfilz an jedem Finger und an den Daumen als Pranken

So wird's gemacht

1 Die Hose aus dem senfgelben Frotteestoff nähen (siehe Praktischer Teil, S. 36).

2 Das Oberteil aus dem senfgelben Frotteestoff nähen (siehe Praktischer Teil, S. 34).

3 **Die Mähne anfertigen:** Die vier Stoffteile mit dem Klebevlies auf den Wollfilz bügeln und in 2,5 x 15 cm große Streifen zuschneiden. Jeden Streifen zur Hälfte falten und die Enden klammern, sodass eine Schlaufe entsteht.

4 Die Hälfte der Schlaufen so zusammensetzen, dass sich die Stoffmuster abwechseln, sich die Streifen an den Seitenkanten leicht überlappen und ein insgesamt 55 cm langes Band entsteht. Ein zweites Band herstellen.

5 Die beiden Bänder versetzt übereinanderlegen und mit einer Zickzacknaht zusammennähen. Entlang dieser Naht die geklammerten Schlaufenenden abschneiden.

6 Die Mähne zwischen das Schrägband legen. Dazu das gefalzte Schrägband öffnen, die Mähne feststecken und die beiden Längskanten mit 3 mm Kantenabstand absteppen, dann beide Seitenkanten des Schrägbands mit 3 mm Kantenabstand absteppen.

7 Den Kartonstreifen an der kurzen offenen Seite in das Schrägband schieben. Vom restlichen Schrägband als Bindebänder zwei 40 cm lange Stücke zuschneiden und mit 3 mm Kantenabstand absteppen, sodass das Schrägband geschlossen wird. Die Enden der beiden Bänder in das Schrägband mit der Mähne schieben und mit einer Steppnaht mit 3 mm Kantenabstand fixieren.

8 **Den Schwanz anfertigen:** Das Baumwoll-Nahtband zur Hälfte legen und die Mitte um die Sisalschnur nähen. Aus Baumwollstreifen einen Pompon herstellen (siehe Praktischer Teil, Seite 36), an das Schwanzende nähen.

9 **Die Schuhe schmücken:** Zwei Pompons aus Baumwollstreifen herstellen (siehe Praktischer Teil, Seite 36) und auf die Gymnastikschuhe nähen.

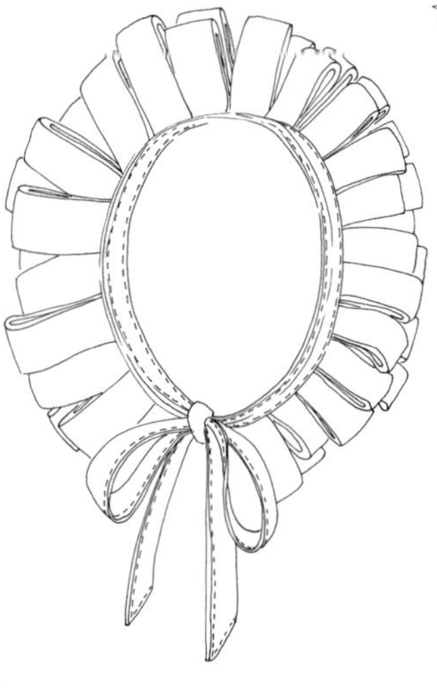

3 Die Schlaufen für die Mähne anfertigen

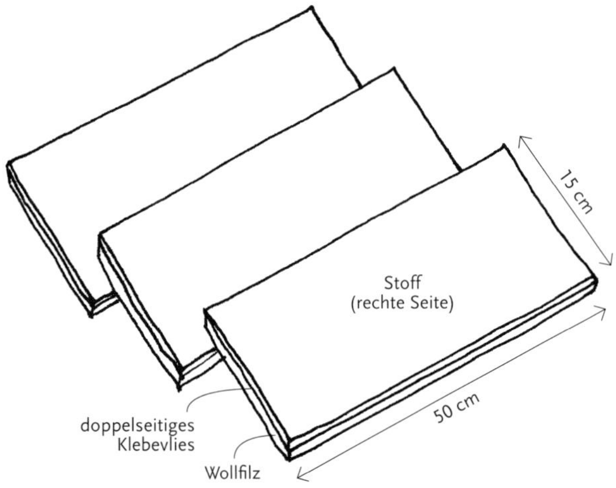

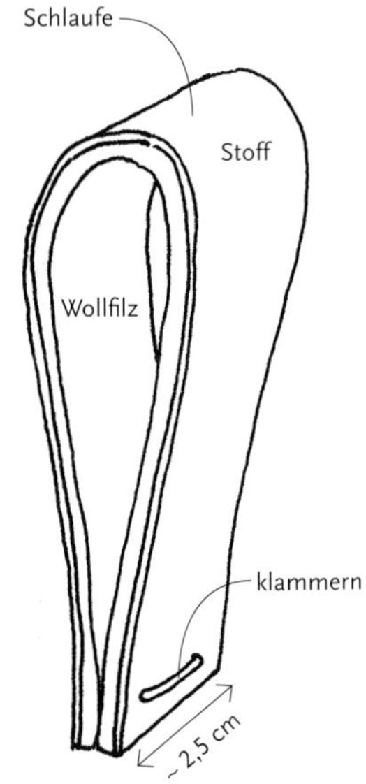

4 Die Schlaufen zusammensetzen

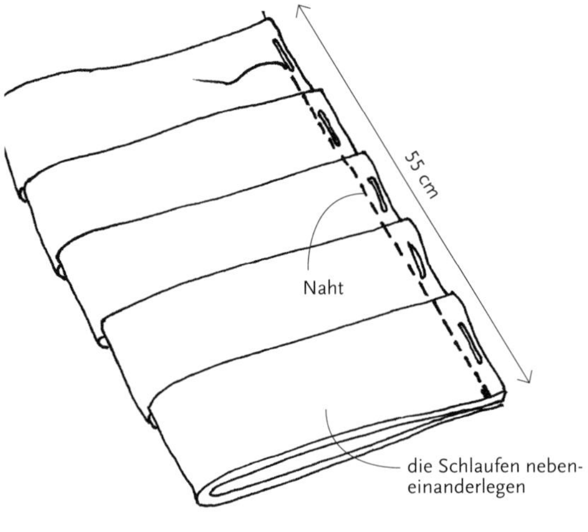

5 Die beiden Bänder zusammenfügen

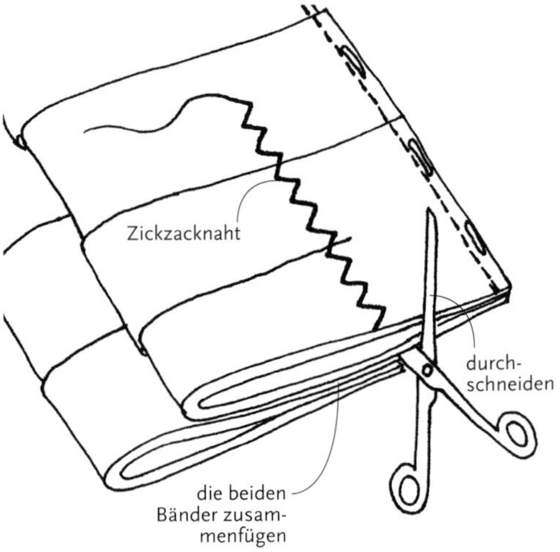

6, 7 Die Mähne einfassen

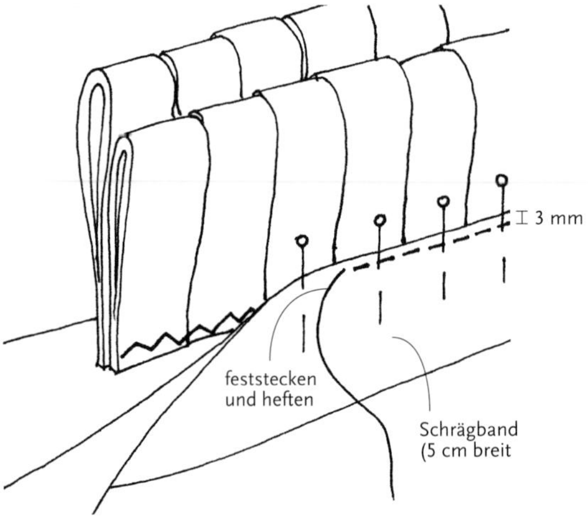

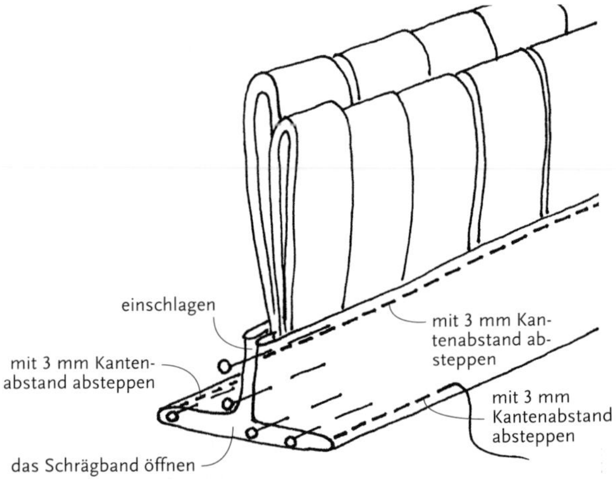

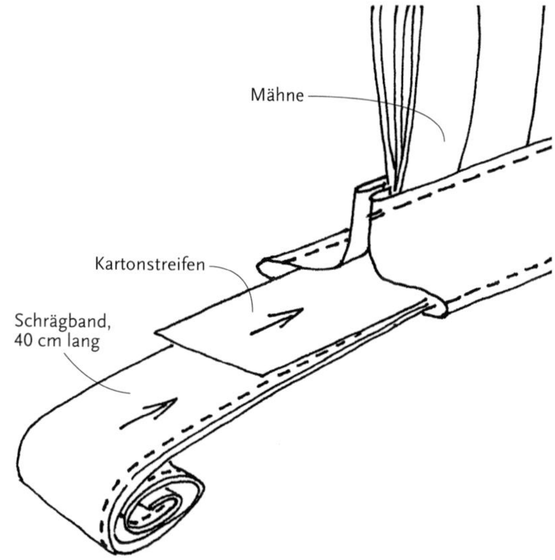

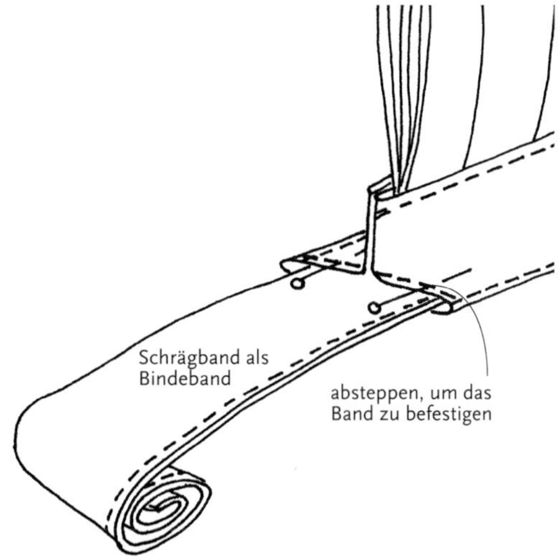

8 Den Schwanz anfertigen

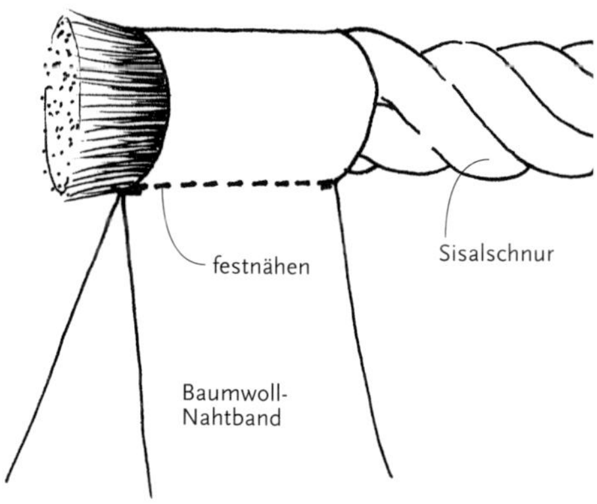

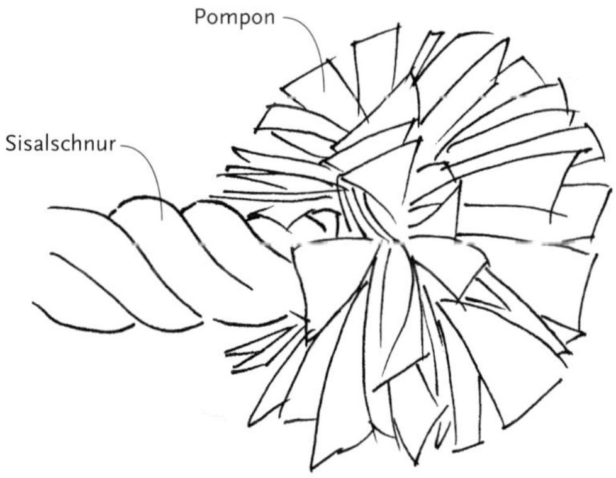

Der Dompteur > Seite 12

▸ Schwierigkeit: *

Materialien

- 1 m Satinband in Schwarz, 9 cm breit
- goldfarbene Gürtelschließe
- breiter Malpinsel
- 16 goldfarbene Ösen, 0,5 cm Durchmesser
- 2 Bänder in Gold, 1,50 m lang und 0,5 cm breit
- schwarze Leggins
- weißes, ärmelloses T-Shirt
- rote Textilfarbe
- Schnurrbart zum Aufkleben
- 1 Paar schwarze Gymnastikschuhe
- Reifen
- Peitsche
- Schminke für das Tattoo
- 1 Kreolenohrring

So wird's gemacht

1 **Die Hose verzieren:** Die Gymnastikhose flach auflegen und mithilfe von Maßband und Kreide die Position der Ösen wie folgt aufzeichnen: Die Position für acht Ösen pro Bein, zwischen Knöchel und Knie, jeweils zwei nebeneinander, in regelmäßigem Abstand zueinander markieren.

2 Die Ösen aufnähen und die goldfarbenen Bänder wie Schuhbänder einfädeln und schnüren.

3 **Das T-Shirt bemalen:** In das T-Shirt einen Karton schieben, mit Kreide unterschiedlich breite Streifen markieren und diese teilweise mit Pinsel und roter Farbe ausfüllen. Achtung: Verwenden Sie nicht zu flüssige Farbe und einen trockenen Pinsel, damit die Farbe nicht zu sehr verläuft.

4 **Den Gürtel anfertigen:** Das schwarze Satinband in die Gürtelschließe fädeln und in der Mitte, 3 cm von der Bandkante entfernt, ein Loch einstechen. Das Band umschlagen und die Schließe fixieren.

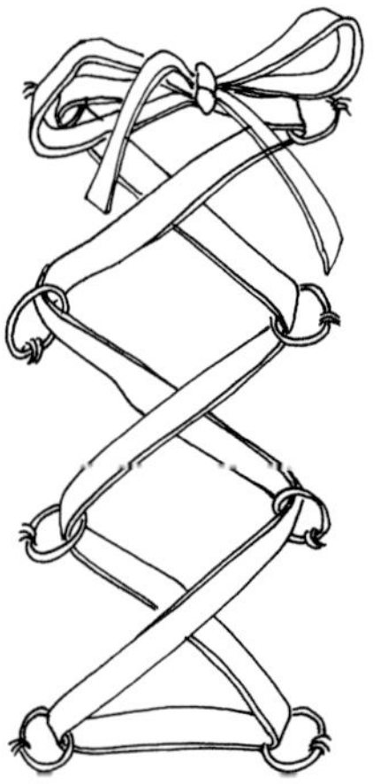

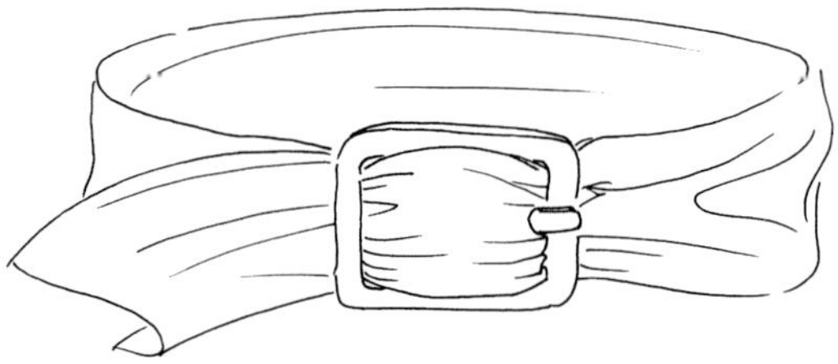

1, 2 Die Hose verzieren

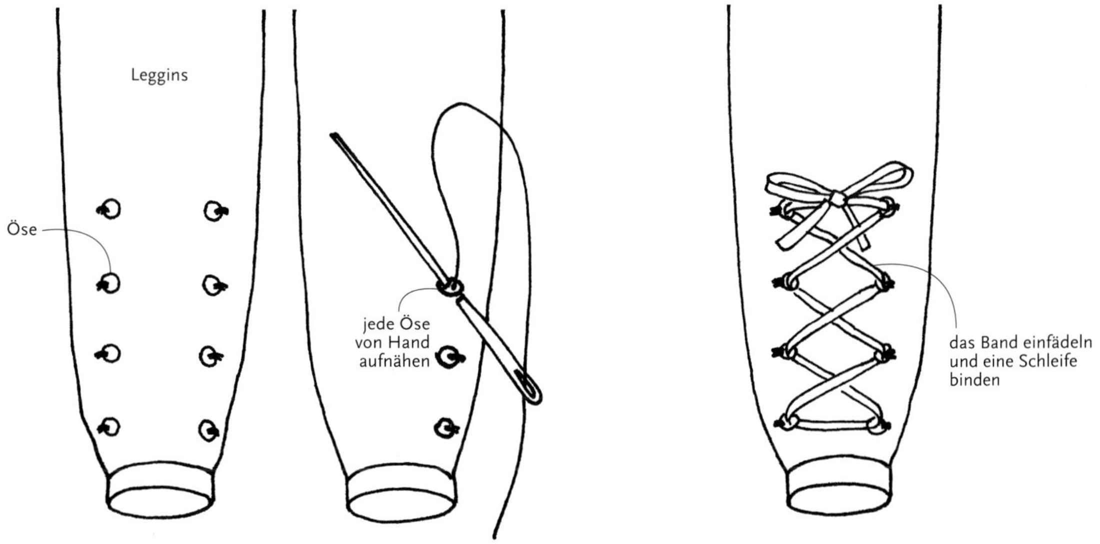

4 Den Gürtel anfertigen

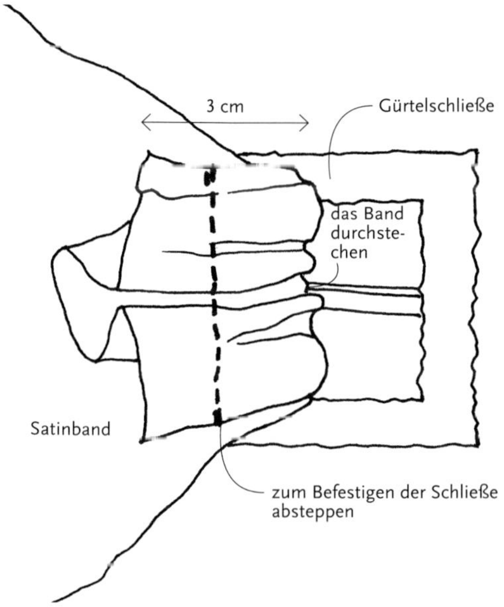

Die Waldfee > Seite 14

▸ Kleid und Umhang Seite A auf dem Schnittmusterbogen
Schwierigkeit: ✻✻

Materialien

Das Kleid

– 1 m Leinen oder Baumwolle in Grün, 1,40 m breit
– 1,50 m Schrägband, 3 cm breit
– 20 künstliche Blätter

Der Umhang

– 1 m Kunstrasen
– 1 m orangefarbenes Band, 2 cm breit
– festes Nähgarn

Der Haarreif

– 3 – 5 künstliche Schmetterlinge
– künstliche Blumen, Blätter und Insekten
– 1,50 m Basteldraht
– Haarreif, mindestens 1 cm breit
– 40 cm schwarzes Schrägband, 3 cm breit
– fester Faden oder Klebepistole

Accessoires

– braunes T-Shirt mit langen Ärmeln
– 1 Paar Kniestrümpfe
– 1 Paar Schuhe mit Holzsohle und naturbelassenem Leder

So wird's gemacht

1 Das kurze Kleid aus dem grünen Stoff nähen (siehe Praktischer Teil, S. 35).

2 Die künstlichen Blätter an den Kleidersaum nähen.

3 **Die Krone fertigstellen:** Das Schrägband der Länge nach zur Hälfte legen und die Längsnaht schließen, sodass eine Hülle für den Haarreif entsteht. Den Haarreif in die Hülle schieben und die Hüllenenden schließen.

4 Die Blätter, Blumen und Insekten oben am Haarreif annähen oder aufkleben. Die vier Schmetterlinge mit dem Draht so am Haarreif anbringen, dass sie über den Blumen schweben.

5 **Den Umhang fertigstellen:** Die Schnittteile vom Schnittmusterbogen abnehmen und auf den Kunstrasen übertragen. Die Seitennähte schließen und anschließend die Bänder annähen.

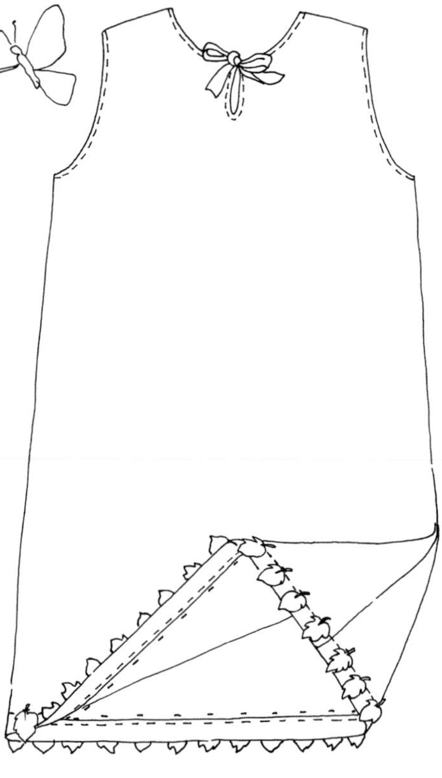

2 Die künstlichen Blätter an den Kleidersaum nähen

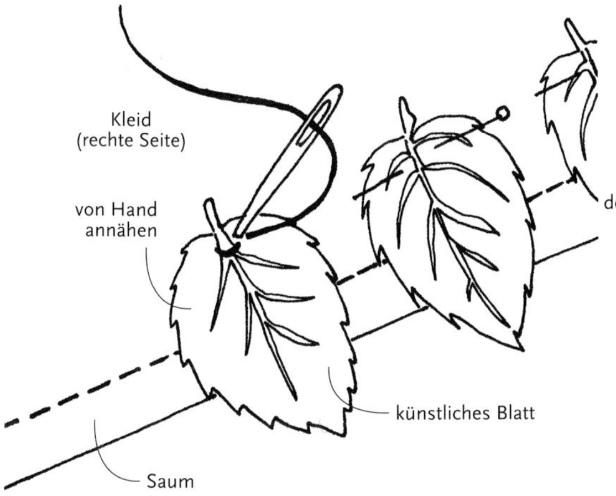

3, 4 Die Krone fertigstellen

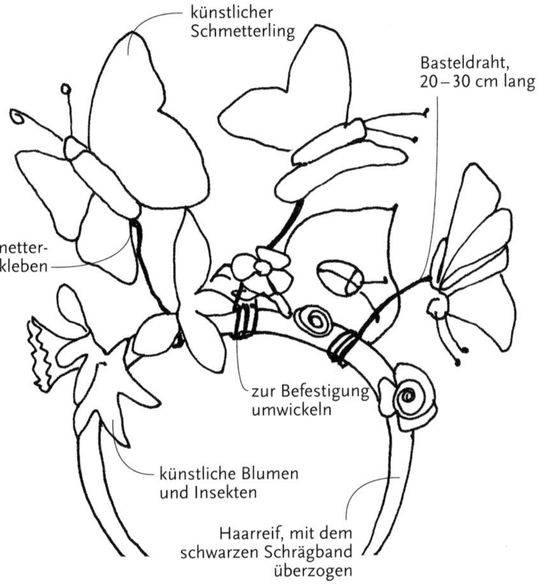

5 Den Umhang fertigstellen

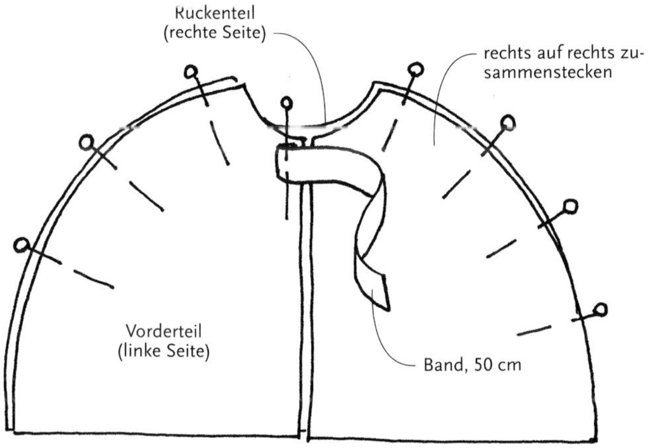

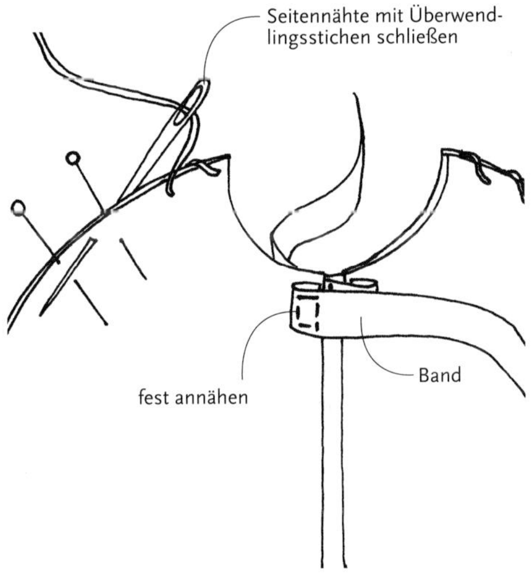

Die Fledermaus > Seite 16

▸ Kappe, Flügel und Ohren Seite A auf dem Schnittmusterbogen
Schwierigkeit: ✻✻

Materialien

Die Kappe und die Flügel

- 1,50 m Kunstleder oder glänzender Stoff in Schwarz, 1,40 m breit
- 1,50 m Baumwollstoff in Schwarz, 1,40 m breit (Futter)
- 1 m schwarzes Satinband, 5 cm breit
- 2,50 m Plastikstäbe, 3 mm Durchmesser (für die Flügelverstärkung)
- 1,60 m Druckknopfband in Schwarz

Accessoires

- 1 Paar schwarze Gymnastikschuhe
- schwarzes T-Shirt mit langen Ärmeln
- schwarze Leggins

Zuschnittplan

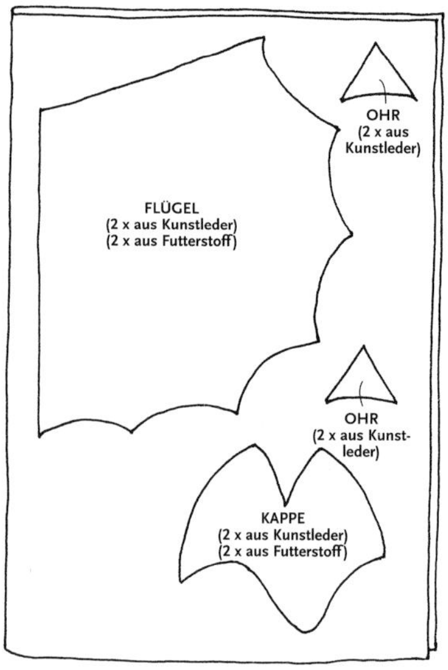

So wird's gemacht

1 Die Ohren, die Kappe und die Flügel der Fledermaus in der gewünschten Größe vom Schnittmusterbogen abnehmen. Aus Kunstleder vier Ohren zuschneiden, aus Kunstleder und aus schwarzem Baumwollstoff (Futter) jeweils zwei Kappenteile und zwei Flügelteile zuschneiden.

2 **Die Ohren anfertigen:** Jeweils zwei Ohrteile rechts auf rechts legen und zusammennähen, dabei unten offen lassen. Die Ohren nach rechts wenden.

3 **Die Kappe anfertigen:** Die beiden Kunstlederteile der Kappe rechts auf rechts aufeinanderlegen. Die Ohren mit den Spitzen nach innen an den Kappenschlitzen einfügen, feststecken, heften und annähen. Die beiden Baumwollteile der Kappe als Futter zusammennähen.

4 Das Satinband in der Mitte auseinanderschneiden und jedes Band auf der linken Seite der Kunstlederkappe feststeppen.

5 Die Kunstlederkappe und die Futterkappe rechts auf rechts legen und zusammenfügen, dabei hinten eine Öffnung von 10 cm zum Wenden der Kappe lassen. Zum Schluss die Kappe rundherum absteppen.

6 **Die Flügel fertigstellen:** Jeweils einen Flügelteil aus Baumwolle und aus Kunstleder rechts auf rechts zusammennähen. An einer Ecke eine Öffnung zum Wenden des Flügels lassen.

7 Nach rechts wenden und, wie im Schnittmusterbogen gekennzeichnet, doppelte Nähte anfertigen, sodass Tunnel entstehen. In diese Tunnel die Plastikstäbe schieben.

8 Die Flügel rundherum von oben absteppen und dabei die Öffnung schließen. Auf das Futter die beiden Druckknopfbänder nähen: das eine an der Ärmelseite, das andere an der Körperseite.

9 Auf das T-Shirt entsprechend die Gegenstücke der Druckknopfbänder nähen.

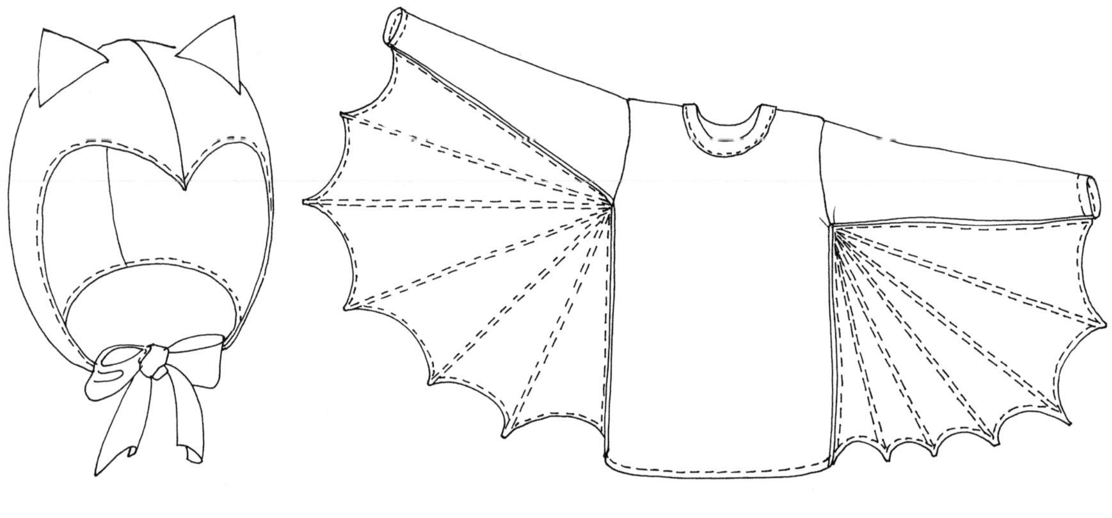

2 Die Ohren anfertigen

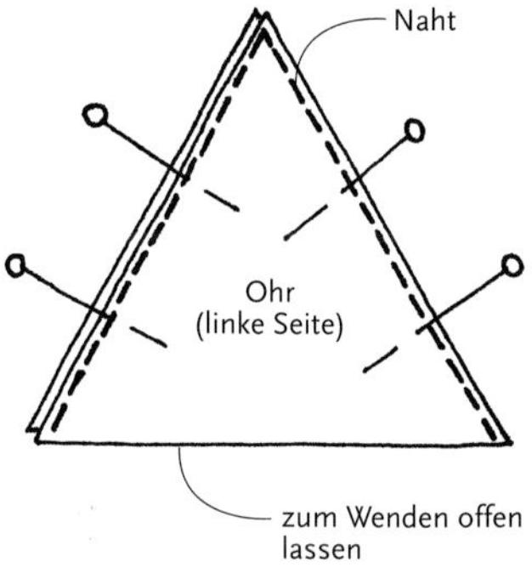

3 Die Kappe anfertigen (Kunstleder und Futter)

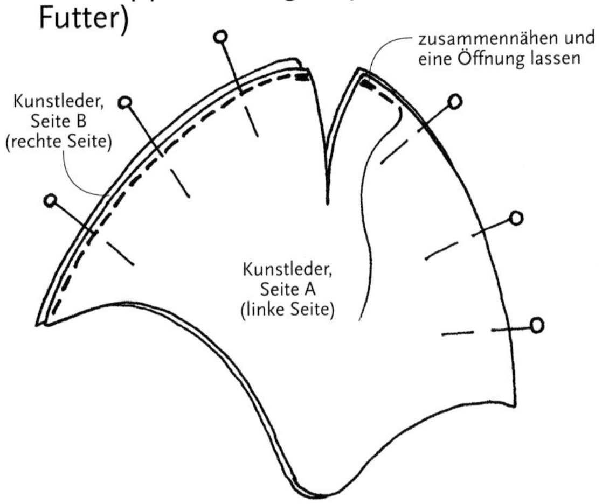

4 Ohren einfügen und Bänder annähen

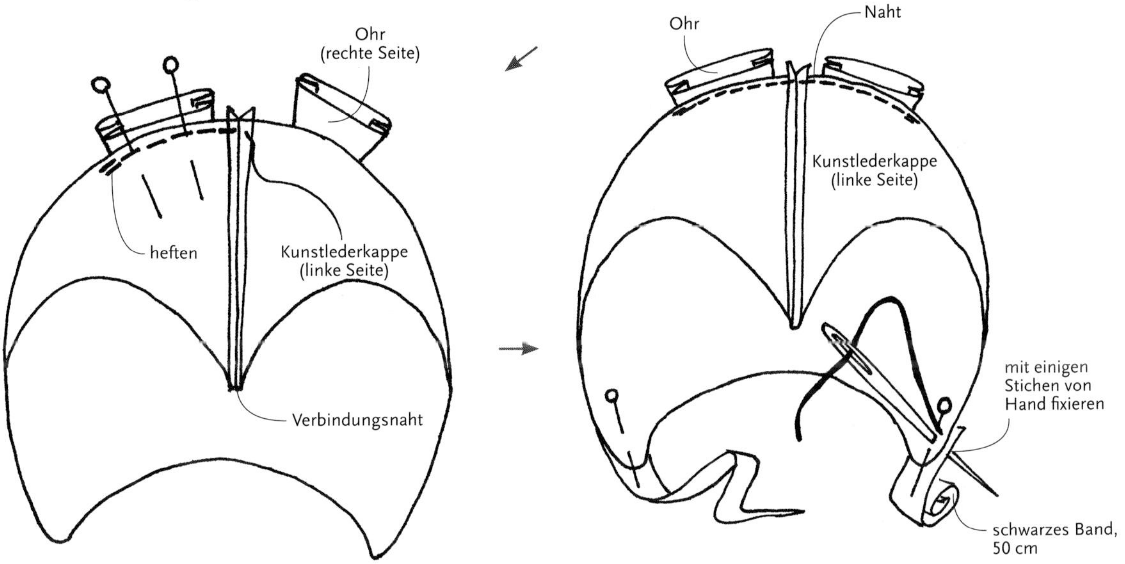

5 Die beiden Kappen zusammenfügen

* die beiden Kappen rechts auf rechts ineinanderfügen

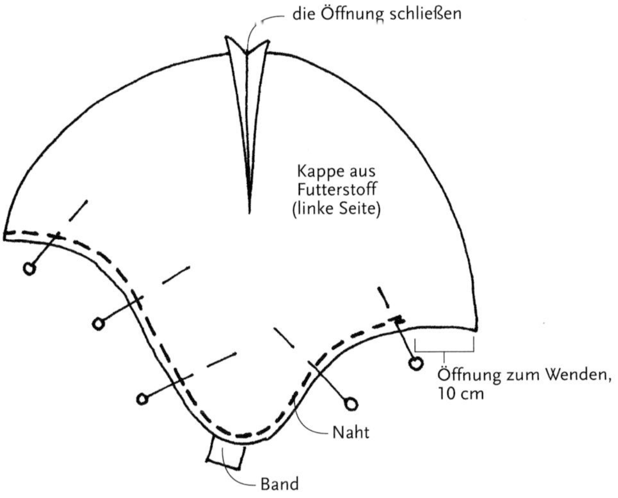

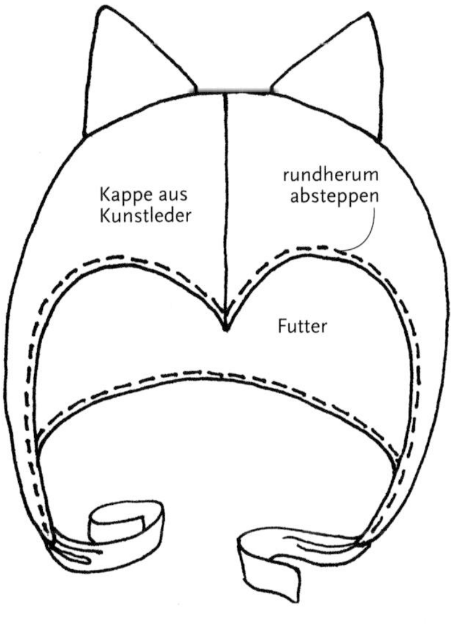

6, 7, 8 Die Flügel fertigstellen

* den Flügel aus Kunstleder und den Flügel aus Futterstoff rechts auf rechts legen

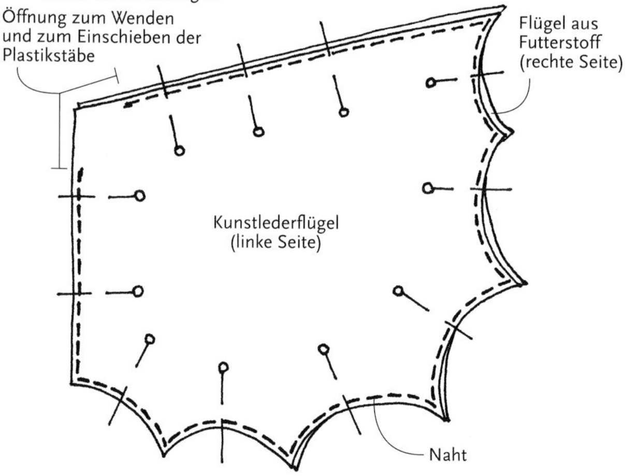

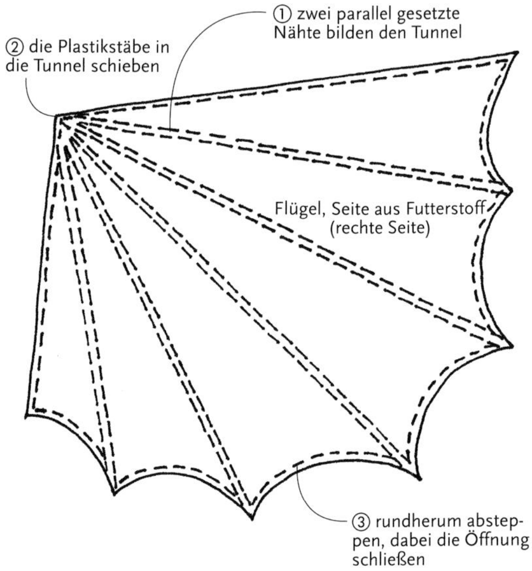

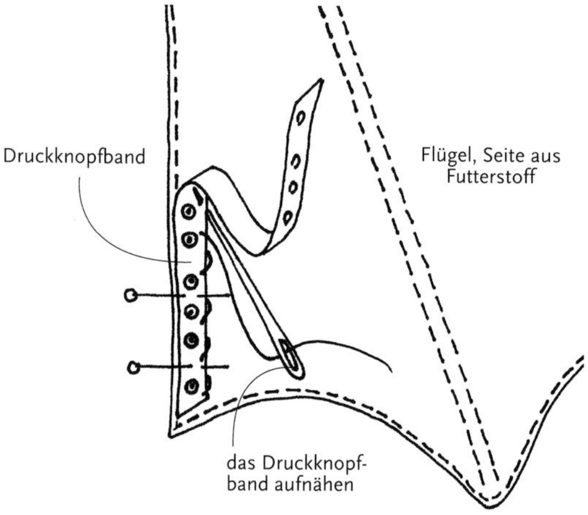

9 Die Druckknopfbänder auf das T-Shirt nähen

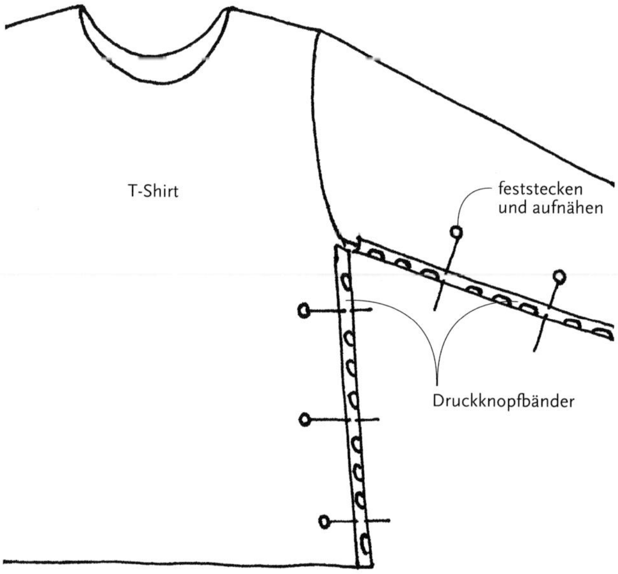

Der Matrose > Seite 18

▸ Oberteil Seite A auf dem Schnittmusterbogen; Hose, Kragen, Hoseneinsatz Seite B
Schwierigkeit: **

Materialien

Das Oberteil

– 1,20 m Baumwollstoff in Weiß, 1,40 m breit
– 60 cm Schrägband in Weiß, 2 cm breit
– 1,40 m Satinband in Marineblau, 0,5 cm breit
– Applikation mit Marinezeichen zum Aufbügeln

Die Hose

– 1 m Baumwollstoff in Marineblau, 1,40 m breit
– 60 cm Gummiband, 1,5 cm breit
– 6 Knöpfe in Rot, 2,5 cm Durchmesser

Accessoires

– 1 Paar weiße Turnschuhe
– Fernglas, Reisekoffer
– Baskenmütze in Marineblau
– 1,20 m Baumwollband in Rot, 2 cm breit (für die Mützeneinfassung)
– rote Wolle für den Pompon

So wird's gemacht

1. Die Teile vom Schnittmusterbogen in der gewünschten Größe abnehmen. Den Hoseneinsatz einmal und die Kragenteile zweimal zuschneiden.
2. Die Hose aus dem marineblauen Baumwollstoff nähen (siehe Praktischer Teil, S. 36).
3. Den Hoseneinsatz aus marineblauem Baumwollstoff zuschneiden und die vier Seiten einsäumen. Den Einsatz vorne auf die Hose steppen und anschließend die roten Knöpfe aufnähen.
4. Das Oberteil aus dem weißen Baumwollstoff nähen (siehe Praktischer Teil, S. 34). Die Applikation auf einen Ärmel bügeln, 10 cm unter der Schulter.
5. **Den Seemannskragen anfertigen:** Die beiden Rücken- und Vorderteile rechts auf rechts aufeinanderlegen und an den Schulternähten schließen.
6. Das Band auf einem der Kragenteile feststecken und die Enden überstehen lassen.
7. Die beiden Kragenteile rechts auf rechts aufeinanderlegen, feststecken und zusammennähen, dabei eine Öffnung zum Wenden lassen. Den Kragen nach rechts wenden und von oben mit 3 mm Kantenabstand absteppen.
8. **Die Baskenmütze fertigstellen:** Beim roten Band und am vorderen Mützenrand mit Kreide die Mitte markieren. Das Band am Mützenrand feststecken, dabei darauf achten, dass die Bandmitte über der vorderen Mützenmitte liegt. Das Band aufnähen. Aus roter Wolle einen Pompon anfertigen (siehe Praktischer Teil, S. 36). Den Pompon oben auf die Mütze nähen.

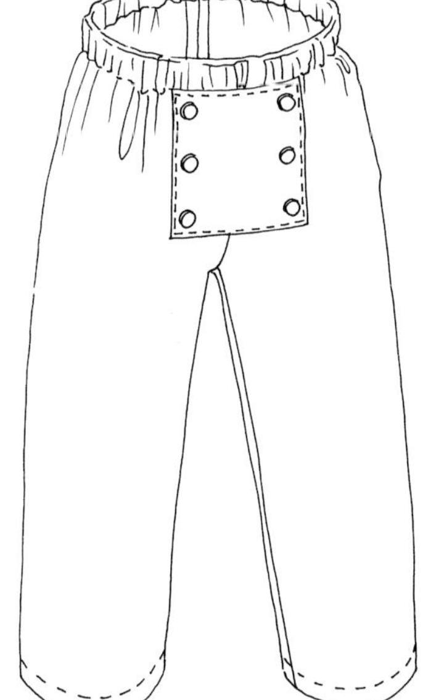

3 Den Hoseneinsatz fertigstellen und an der Hose anbringen

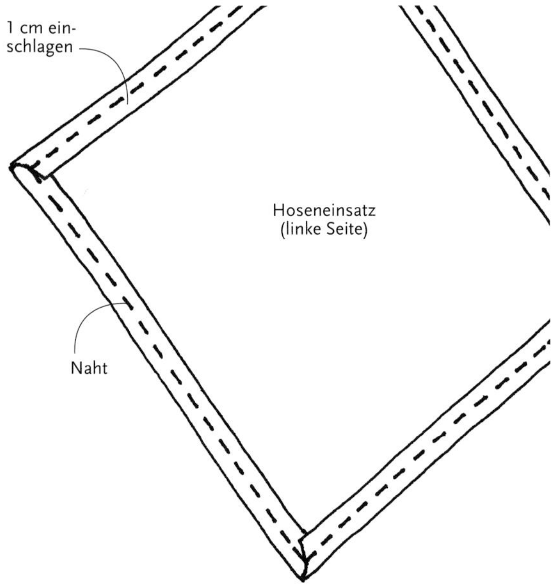

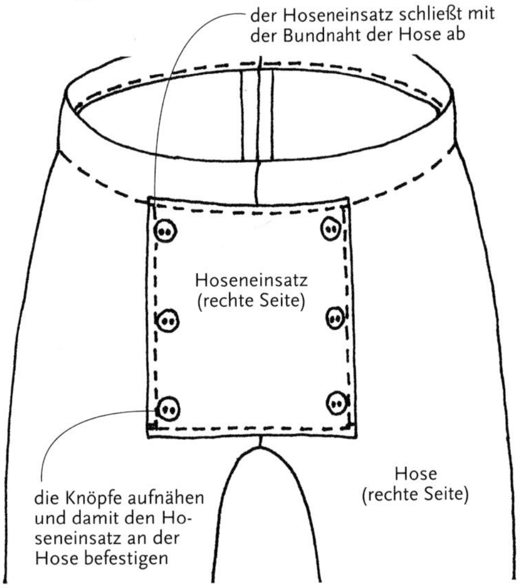

5 Den Seemannskragen anfertigen

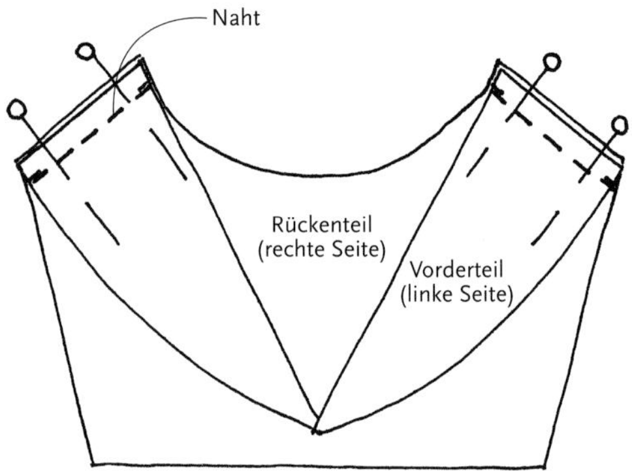

* das Futter auf die gleiche Weise anfertigen

6 Das Band annähen

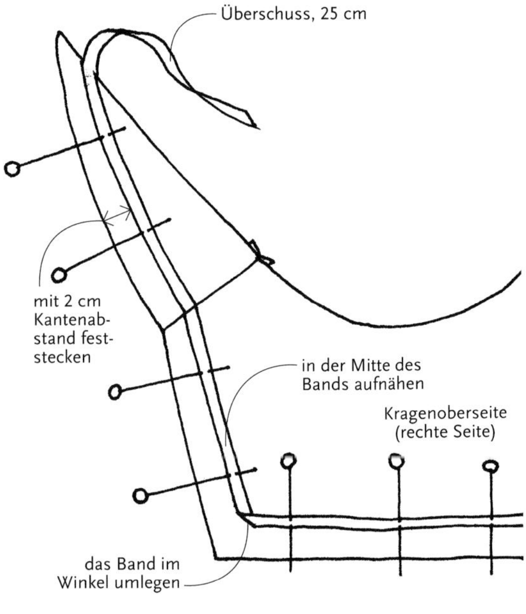

7 Die beiden Kragenteile zusammennähen

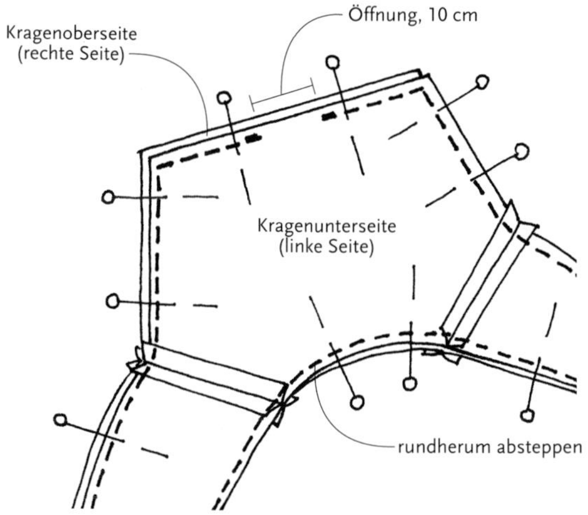

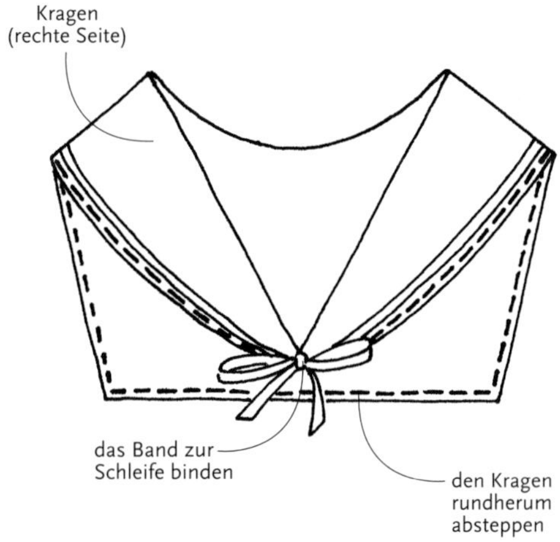

8 Die Baskenmütze fertigstellen

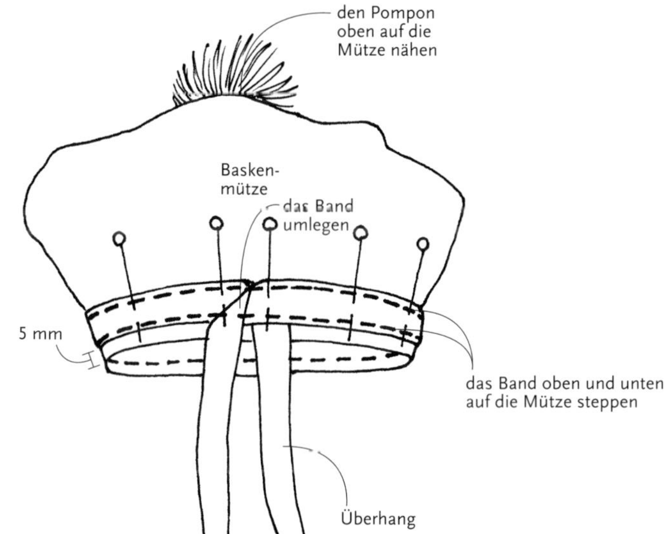

Der Fliegenpilz > Seite 21

▸ Gräser Seite B auf dem Schnittmusterbogen
Schwierigkeit: ***

Materialien

Der Körper

- 1 m Wollfilz in Wollweiß, 1,50 m breit
- 35 cm Wollfilz in Grün, 1,50 m breit
- 1,20 m Gummiband, 1,5 cm breit
- Sicherheitsnadel

Der Hut

Man benötigt 2 Lagen für den Zylinder

- Luftballon mit 60 cm Durchmesser
- 6 Blätter rotes Papier und 1 Blatt weißes Papier, 120 g
- Tapetenkleister
- 40 cm Gummiband
- 60 x 20 cm starkes rotes Papier

Accessoires

- 1 Paar grüne Turnschuhe (mit weißen Sohlen)
- weißes T-Shirt mit langen Ärmeln

So wird's gemacht

1 **Den Hut anfertigen:** Den Ballon so lange aufblasen, bis er einen Durchmesser von 60 cm erreicht. Das Papier in kleine Stücke von etwa 6 x 6 cm reißen und um die Ballonmitte kleben. Diesen Vorgang dreimal wiederholen, dabei zwischendurch das Papier gut trocknen lassen. Ist das Papier vollständig getrocknet, den Ballon anstechen und herausziehen.

2 Aus dem festen roten Papier einen Zylinder mit 20 cm Höhe formen. Den Zylinder für die Klebelaschen an einem Ende regelmäßig einschneiden und in die Mitte des Halbkreises kleben. Aus dem weißen Papier Kreise schneiden oder reißen und auf den Hut kleben. Das Gummiband am Zylinder befestigen.

3 **Den Körper anfertigen:** Die Gräser vom Schnittmusterbogen abnehmen und der Länge nach auf den grünen Wollfilz übertragen; den Wollfilz zuschneiden.

4 Messen Sie den Abstand zwischen den Schultern und den Füßen Ihres Kinds und schneiden Sie den weißen Wollfilz entsprechend zu, dabei 6 cm für die Einschläge zugeben.

5 Unten am weißen Wollfilz die Gräser applizieren.

6 Den Körper mittig rechts auf rechts falten und die Seitennähte schließen.

7 An der Unterkante und an der Oberkante des Zylinders den Stoff 3 cm umlegen, feststecken und ansteppen, dabei 3 cm offen lassen.

8 Ein 40 cm langes Gummiband mit der Sicherheitsnadel durch den Tunnelzug am Hals und ein 70 cm langes Gummiband durch den Tunnelzug an den Beinen fädeln.

9 Ziehen nun Sie Ihrem Kind den Zylinderkörper über – mit der Naht am Rücken – und markieren Sie die Schultern. Anschließend zwei 20 cm lange Schlitze für die Arme einschneiden.

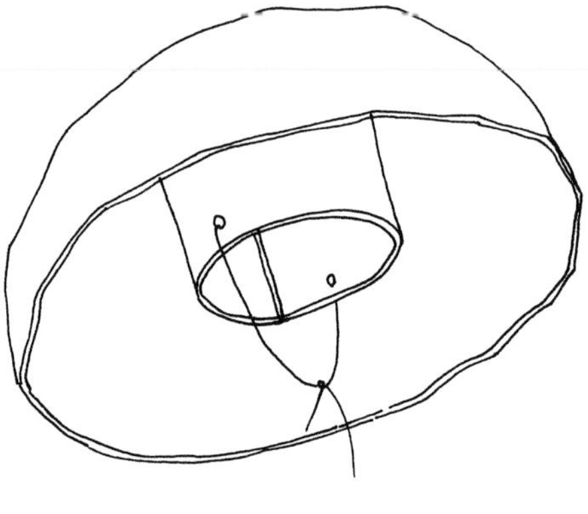

1 Den Ballon aufblasen und mit rotem Papier bekleben

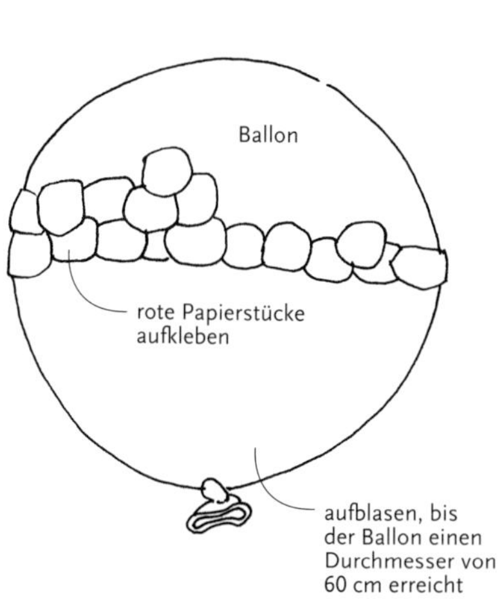

2 Den Zylinder formen

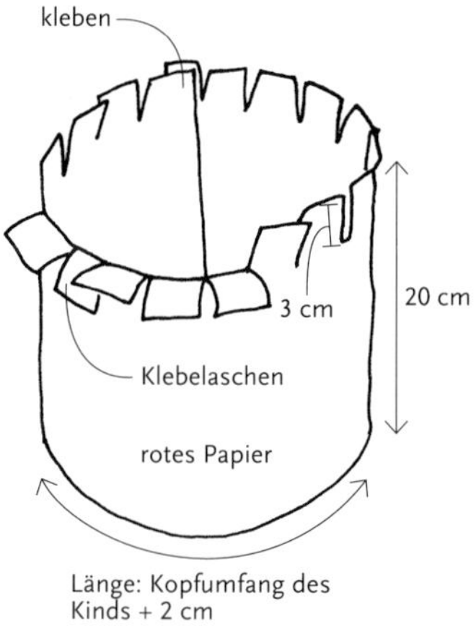

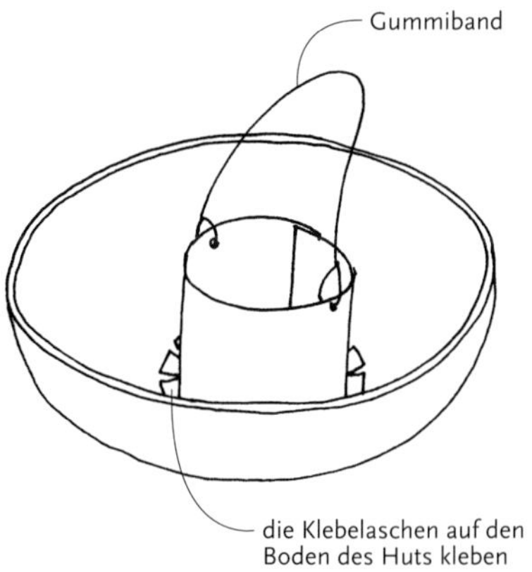

3, 4, 5 Die Gräser vom Schnittmusterbogen abnehmen

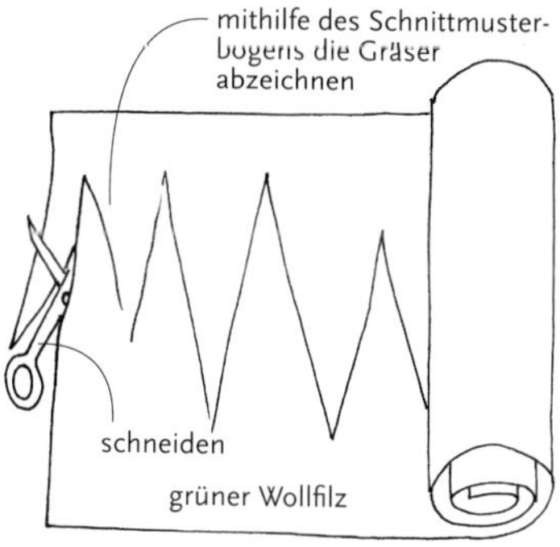

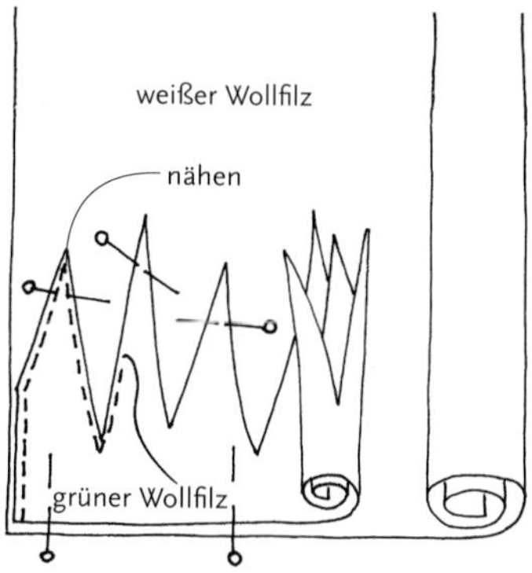

6, 7, 8 Den Körper anfertigen

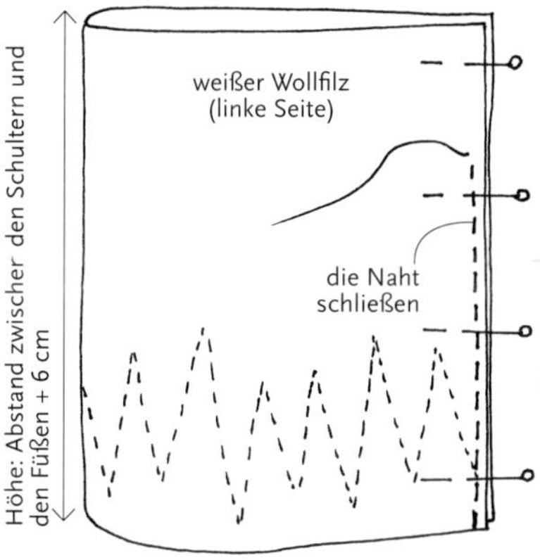

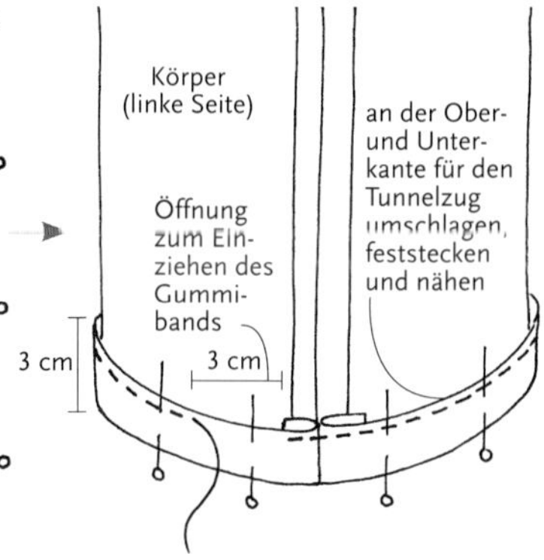

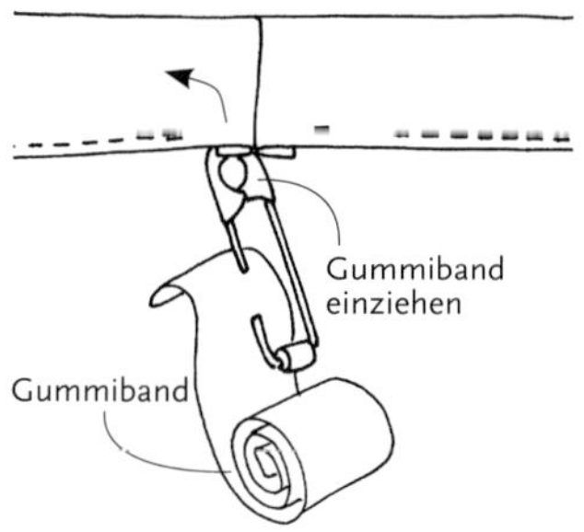

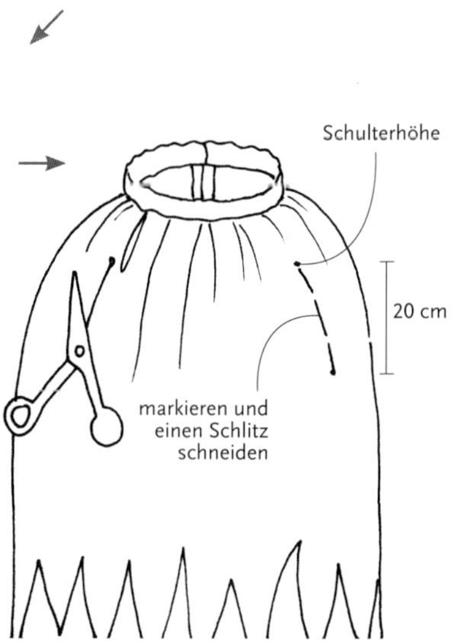

Kleines Bauernmädchen > Seite 22

▸ Schwierigkeit: *

Materialien

Der Rock

- 80 cm Leinenstoff in Grau mit roten Streifen, 1,40 m breit
- 60 cm Baumwoll-Nahtband, 2,5 cm breit
- 60 cm Gummiband, 1,5 cm breit

Das Schultertuch

- 80 x 80 cm geblümter Stoff

Die Schürze

- 50 x 50 cm Baumwollstoff in Schwarz
- 60 cm schwarzes Baumwoll-Nahtband, 2,5 cm breit
- 2 m schwarzes Spitzenband, 2 bis 3 cm breit
- 30 cm Gummiband, 2 cm breit

Das Oberteil

- weißes T-Shirt mit langen Ärmeln
- 1,30 m Bordüre mit Lochstickerei in Weiß

Accessoires

- 60 cm Satinband in Schwarz, 1 cm breit, und ein Anhänger
- 1 Paar schwarze Gymnastikschuhe
- Strohhut
- 60 cm rotes Band, 2 cm breit (für den Hut)
- Strauß Nelken
- Korb

So wird's gemacht

1 **Den Rock anfertigen:** Den Leinenstoff mittig zur Hälfte legen und die Seitennaht des Rocks schließen. Die Rockmitte mit Kreide oder einer Heftnaht markieren. Auf der linken Seite am Rockbund mit Kreide oder einer Heftnaht gleichmäßig verteilt acht Abnäher (jeweils vier auf Vorderseite und Rückseite) markieren (siehe Abbildung).

2 Die Nahtlinien für jeden Abnäher anzeichnen, Abnäher absteppen und überschüssigen Stoff zurückschneiden.

3 Für den Bund die Stoffkante 3 cm umschlagen und das Baumwoll-Nahtband oben und unten an den Bund steppen, dabei eine Öffnung lassen.

4 Die Taille des Kinds messen, den Gummi entsprechend kürzen und durch den Tunnel am Rockbund ziehen; die Enden des Gummibands zusammennähen.

5 Die Rocklänge an die Größe Ihres Kinds anpassen, den Rocksaum doppelt einschlagen und absteppen.

6 **Das Schultertuch anfertigen:** Das Quadrat aus dem geblümten Stoff rechts auf rechts diagonal zur Hälfte legen. Die offenen Kanten des Dreiecks absteppen, dabei eine 10 cm große Öffnung zum Wenden des Tuchs lassen. Das Tuch nach rechts wenden und die Öffnung von Hand mit unsichtbaren Stichen schließen.

7 **Die Schürze nähen:** Die vier Seitenkanten des Stoffquadrats einmal umschlagen und absteppen. An drei Seiten der Schürze das Spitzenband annähen.

8 Das Baumwoll-Nahtband oben mittig an die Schürzenseite ohne Spitzenband nähen; die seitlich überstehenden Bänder bilden die Bindebänder der Schürze. Das Band unten an der Schürze nochmals annähen, sodass ein Tunnel entsteht. Dabei eine 2 cm große Öffnung lassen, durch die später das Gummiband gezogen wird.

9 Das Gummiband durch den Tunnel ziehen und die Enden des Gummibands an beiden Enden sichern.

10 Die Bordüre mit Lochstickerei an den Ärmelenden des T-Shirts befestigen: Dazu das Bordürestück rechts auf rechts legen und die Enden zusammennähen. An den Ärmeln und am Bordürenstück Markierungen anbringen.

11 Das Bordürenstück von Hand an die Ärmel nähen und dabei den Bordürenstoff etwas einhalten, sodass die Markierungen übereinander zu liegen kommen.

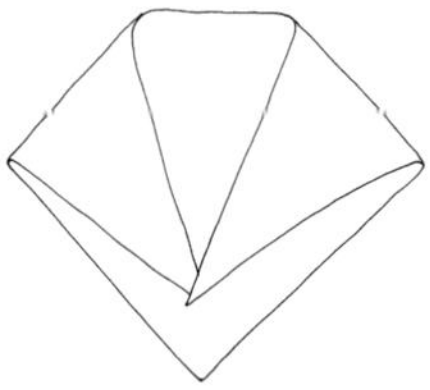

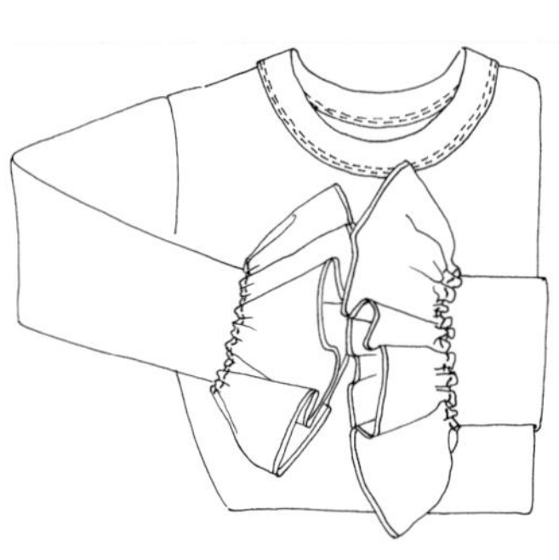

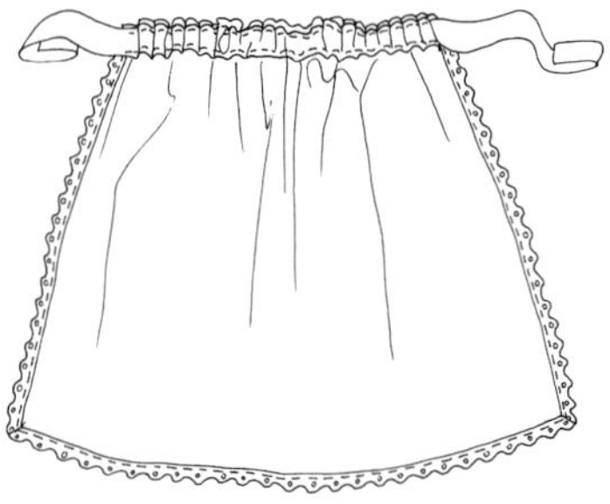

1 Den Rock anfertigen

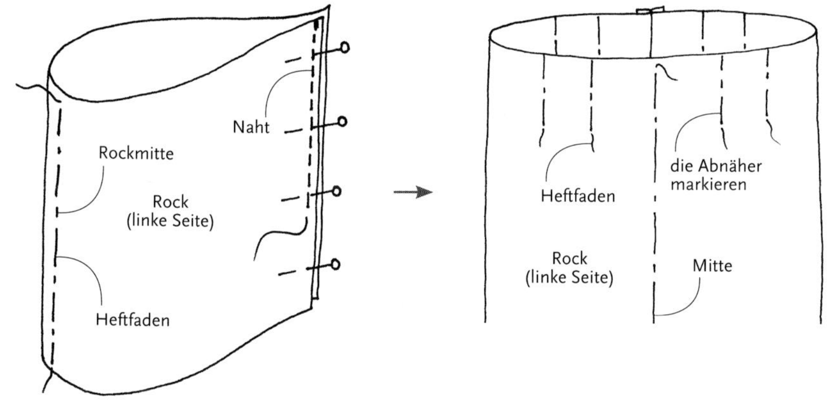

2 Die Abnäher anfertigen

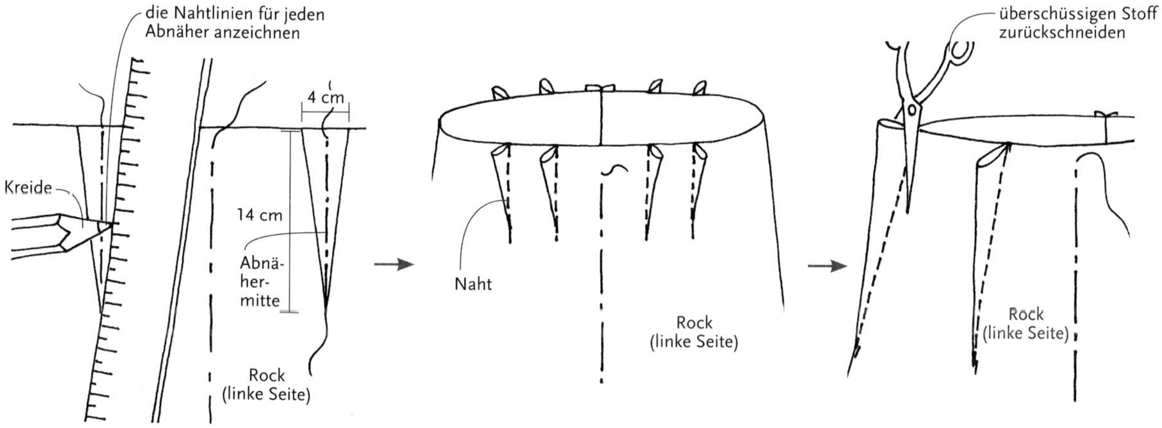

3, 4 Den Bund anfertigen

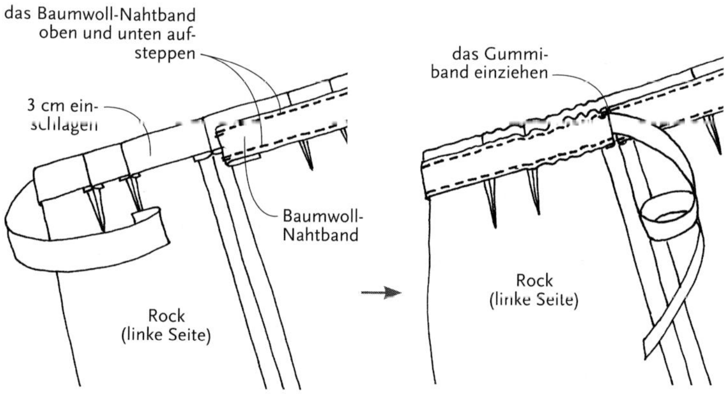

5 Den Saum anfertigen

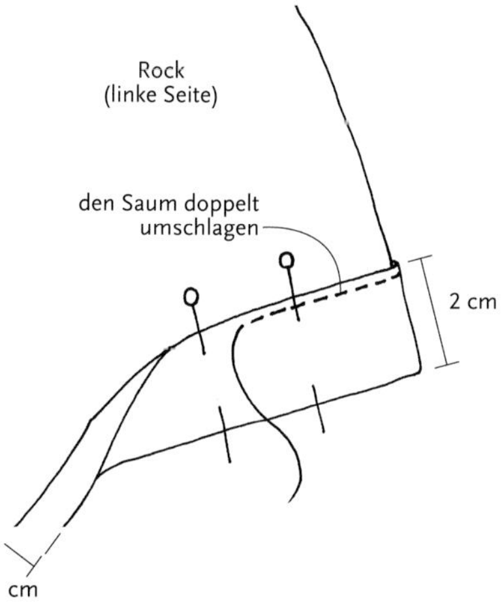

6 Das Schultertuch anfertigen

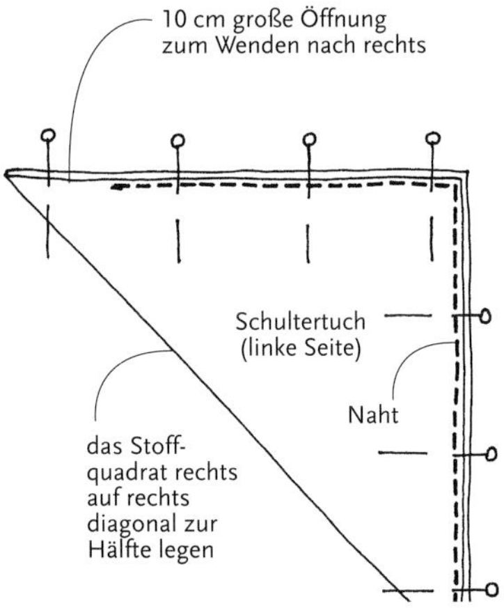

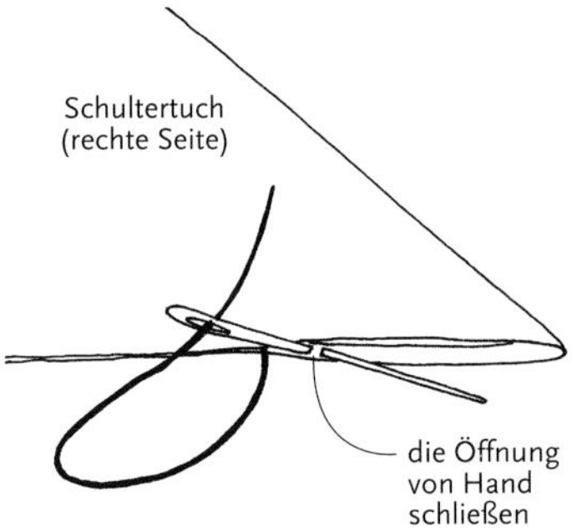

7, 8, 9 Die Schürze anfertigen

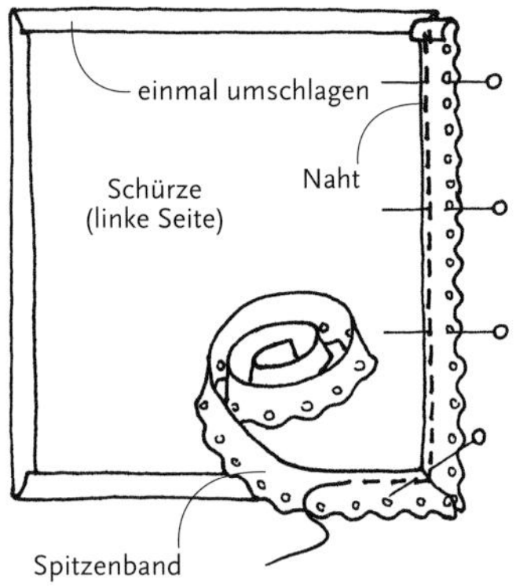

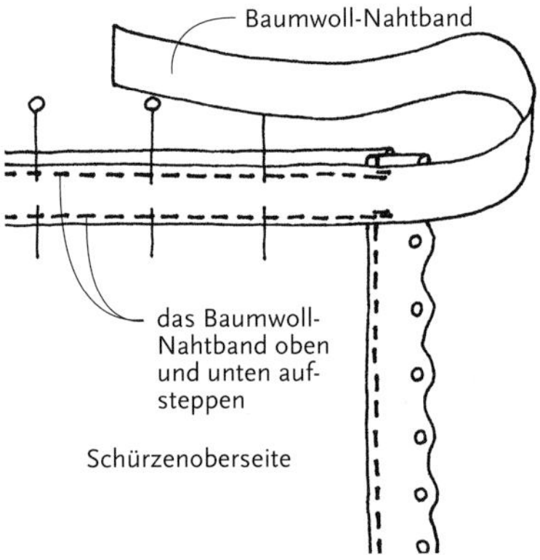

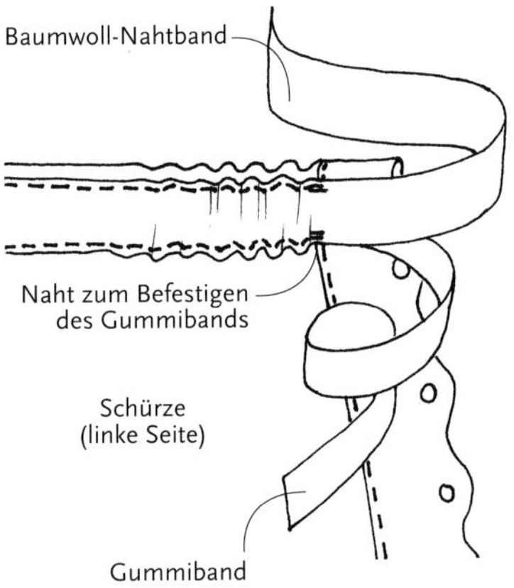

10, 11 Die Lochstickereibordüre an den Ärmelenden anbringen

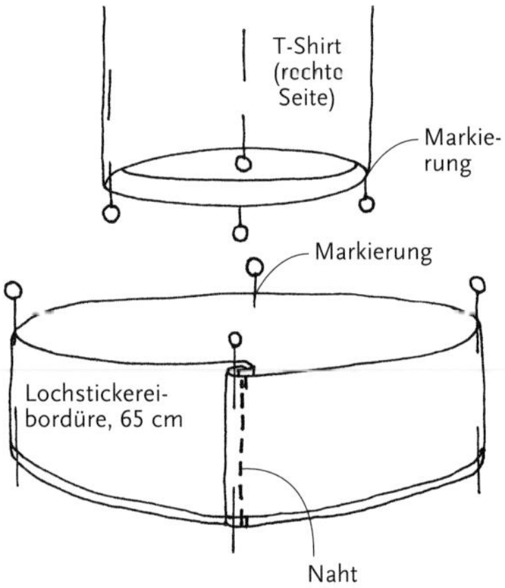

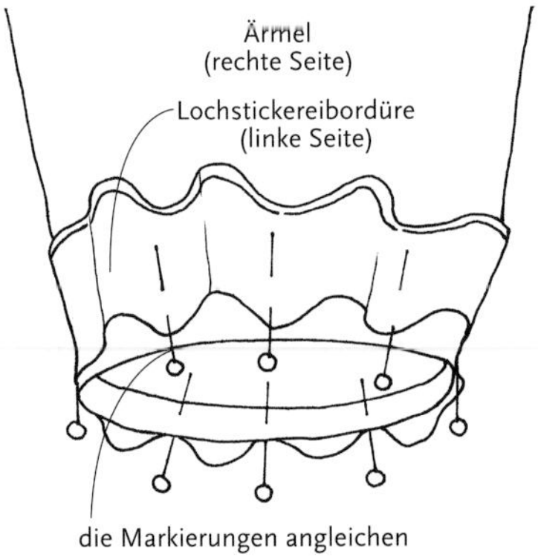

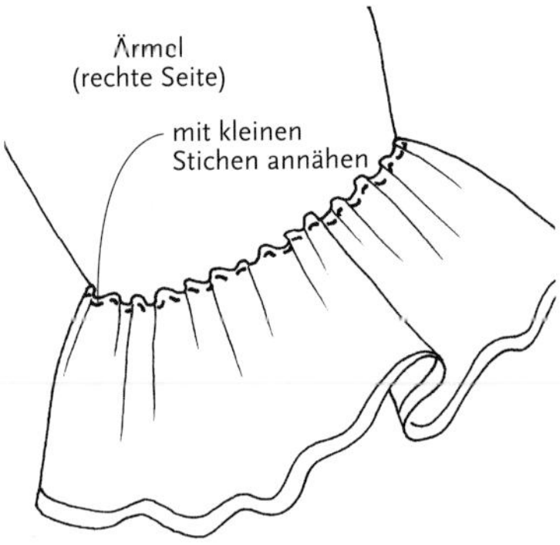

Der Samurai > Seite 23

▸ Umhang Seite A auf dem Schnittmusterbogen; Manschetten, Gamaschen und Schürze Seite B
Schwierigkeit: ✻✻✻

MATERIALIEN

Die Bekleidung

- 2 m Baumwollstoff in Schwarz, 1,40 m breit
- 1,20 m Kunstleder in Braun, 1,50 m breit
- 1 m Baumwoll-Nahtband in Schwarz, 3,5 cm breit
- 20 cm Gummiband, 1,5 cm breit
- 1 Packung Flachkopfklammern (mit runden Köpfen)
- 1 m Kette, 0,5 cm Durchmesser
- Ahle oder dicke Nadel

Accessoires

- chinesischer Hut
- großes schwarzes T-Shirt mit langen Ärmeln
- 1 Paar schwarze Gymnastikschuhe
- Säbel

Zuschnittplan

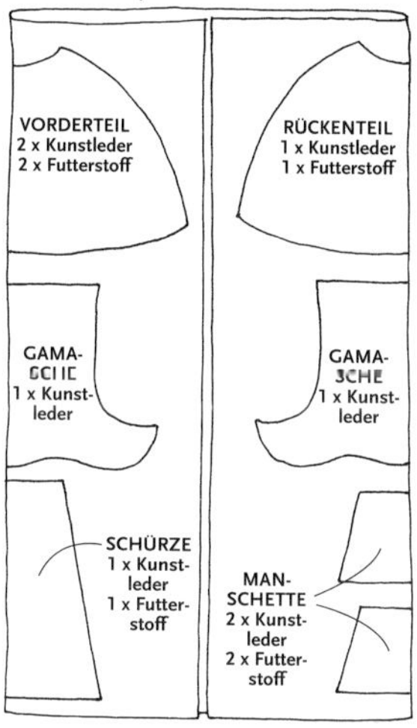

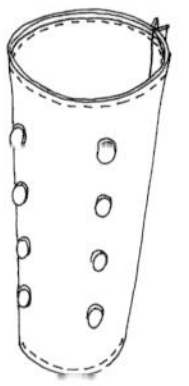

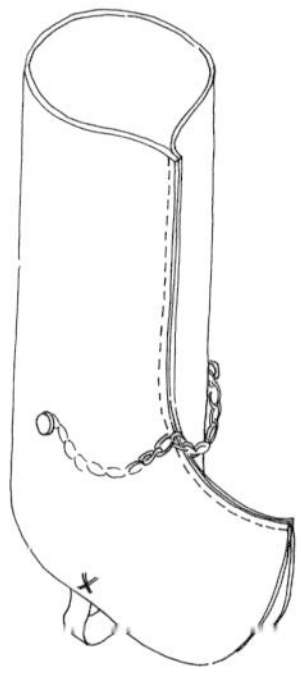

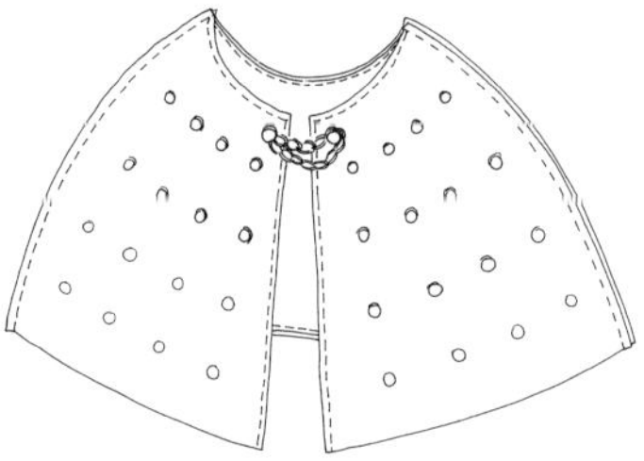

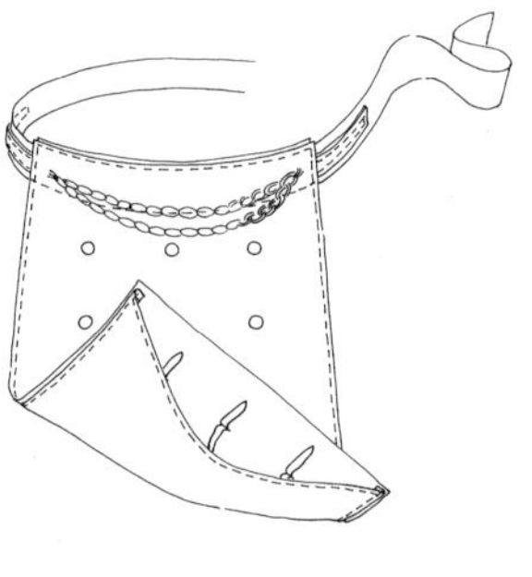

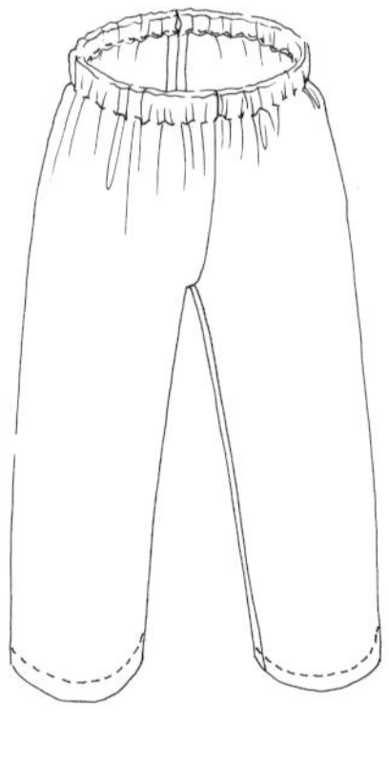

SO WIRD'S GEMACHT

1 Die benötigten Teile (Manschetten, Gamaschen und Schürze) vom Schnittmusterbogen abnehmen und die Teile nach dem Zuschnittplan ausschneiden.

2 Die Hose aus dem schwarzen Baumwollstoff nähen (siehe Praktischer Teil, S. 36).

3 **Das Cape anfertigen:** Die drei Capeteile aus Kunstleder links auf links aufeinanderlegen und zusammenfügen. 55 bis 60 Flachkopfklammern in gleichmäßigem Abstand verteilt auf dem Rückenteil und auf den Vorderteilen anbringen. Dazu das Kunstleder mit einer Ahle oder einer dicken Nadel durchstechen und die Klammern durchstecken.

4 Die Futterteile aus schwarzer Baumwolle rechts auf rechts aufeinanderlegen und zusammenfügen. Am Halsausschnitt, an den Seitenkanten der Vorderteile und am Saum den Stoff einmal umschlagen und absteppen.

5 Die Kette an den Vorderteilen in den Ecken am Halsausschnitt mit einigen Stichen befestigen und anschließend darüber Flachkopfklammern anbringen, dabei an einer Seite die Klammer nicht zu stark befestigen, sodass ein Verschluss entsteht.

6 Das Cape und das Futter links auf links aufeinanderlegen und zusammennähen, dabei am Saum offen lassen.

7 **Die Schürze anfertigen:** Am Baumwoll-Nahtband die Mitte markieren. Zwei Rechtecke aus Kunstleder jeweils 10 cm von der Mitte entfernt am Band anbringen. An der Kunstlederschürze zwölf Flachkopfklammern anbringen.

8 Unten an der Schürze einen doppelt eingeschlagenen Saum arbeiten, an den übrigen drei Seiten das Kunstleder einmal umschlagen und absteppen.

9 Die drei Schürzenteile zusammenfügen, dazu das Band oben zwischen das Kunstleder und das Futter legen, die Seitennähte schließen und das Band am Bund oben und unten aufsteppen. Zum Schluss 40 cm der Kette zur Hälfte legen und doppelt vorne an der Schürze aufnähen.

10 **Die Manschetten anfertigen:** An jeder Manschette jeweils zwölf Flachkopfklammern anbringen. Die längste Seite einsäumen (doppelt einschlagen), die übrigen drei Seiten einmal umschlagen und absteppen.

11 Die Kunstledermanschetten mit den Futtermanschetten an der Seite, an der die Handgelenke liegen werden, zusammennähen. Die Manschetten seitlich zusammennähen, dazu durch die vier Stofflagen hindurchnähen. Die dritte Seite offen lassen.

12 **Die Gamaschen anfertigen:** Die Vordernaht schließen und unten das Gummiband annähen, das die Gamaschen am Fuß hält. Am Spann mit Flachkopfklammern ein Stück Kette anbringen.

3 Das Cape aus Kunstleder nähen

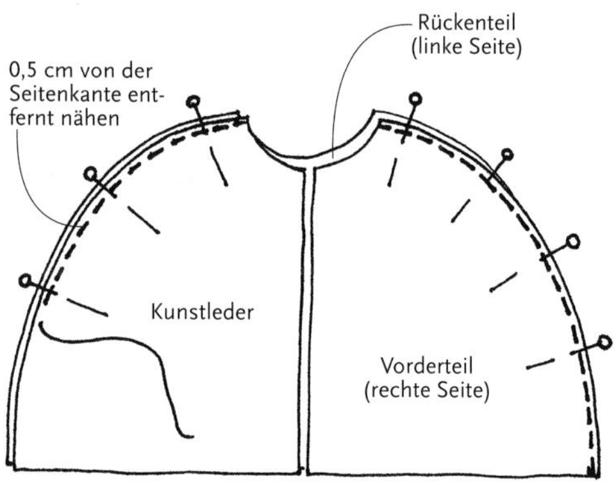

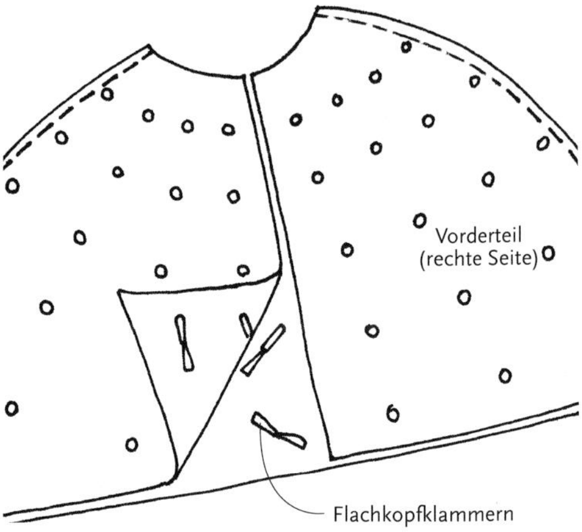

4 Das Futter nähen

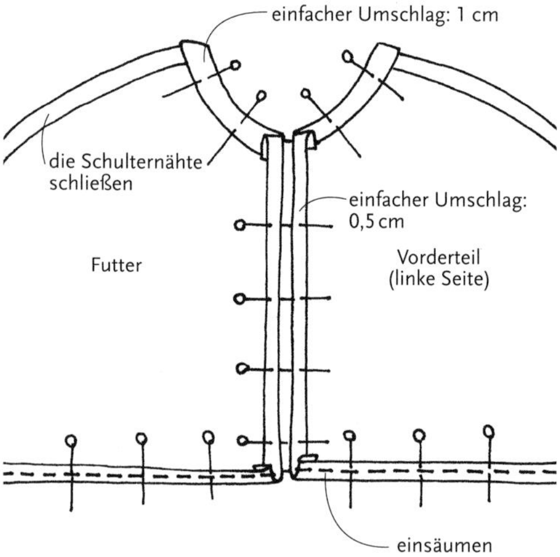

5 Den Verschluss arbeiten

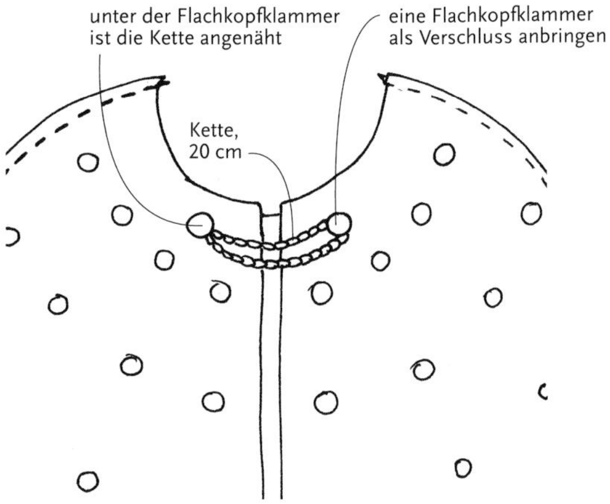

6 Das Kunstledercape und das Futter zusammennähen

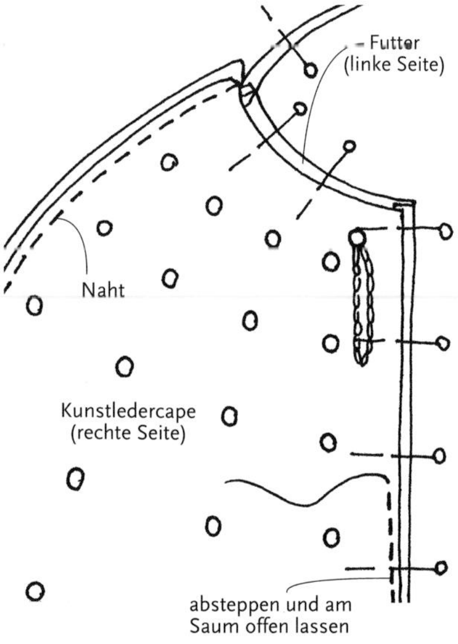

7 Die Schürze anfertigen

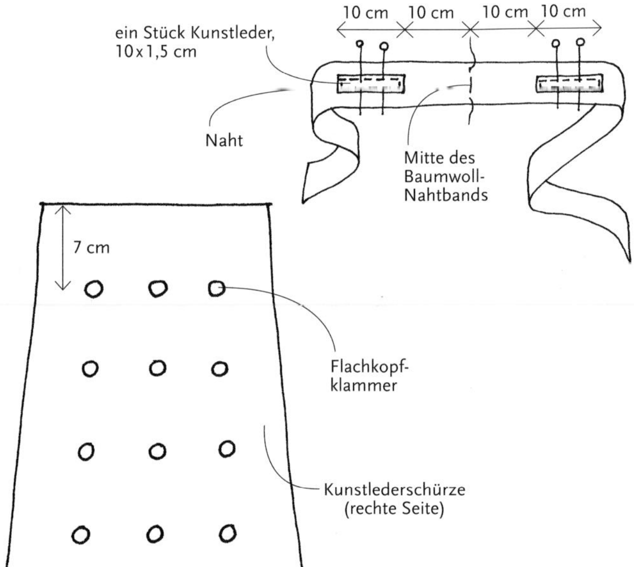

8, 9 Die Schürze füttern und den Verschluss anfertigen

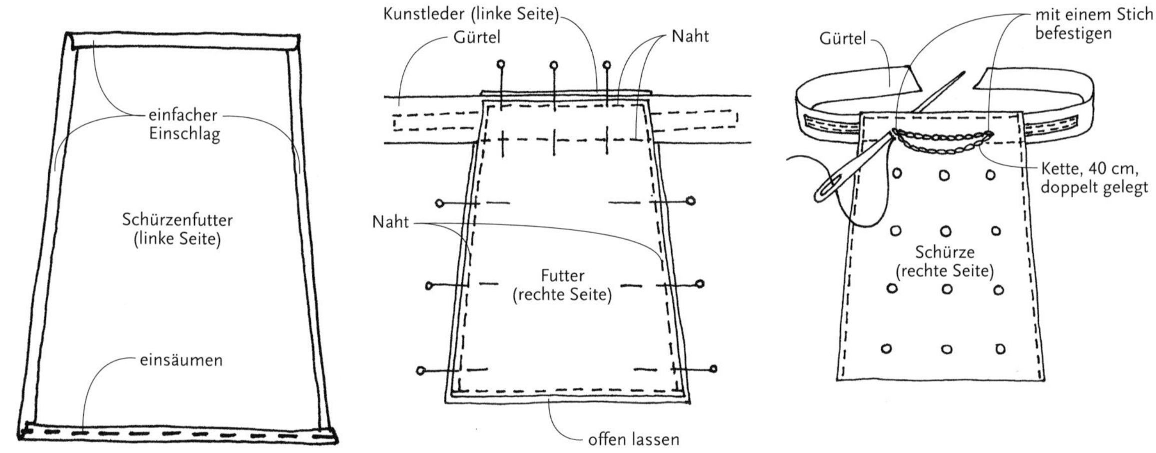

10, 11 Die Manschetten anfertigen

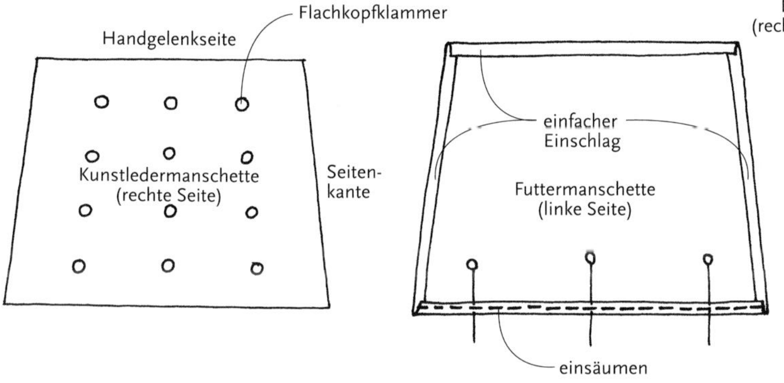

Die Kunstledermanschette und das Futter zusammennähen

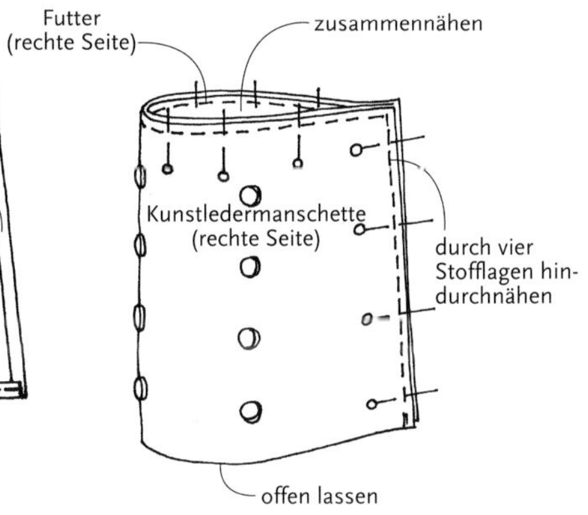

12 Die Gamaschen anfertigen

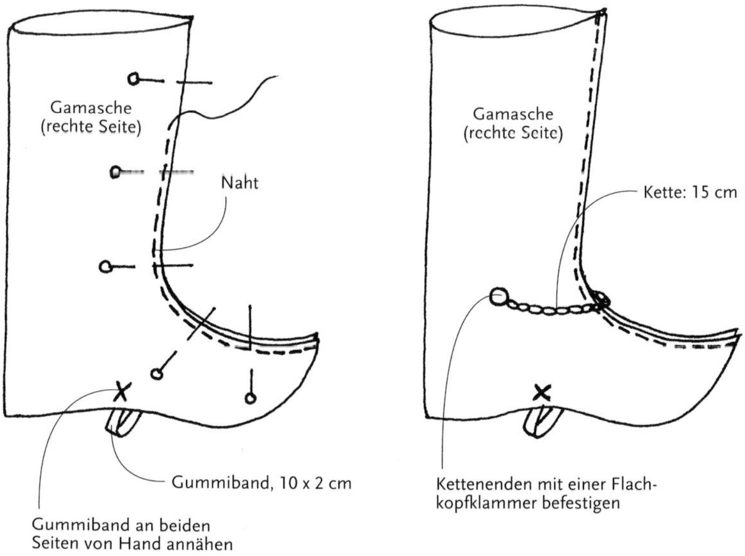

Der gestiefelte Kater > Seite 24

► Jacke Seite A auf dem Schnittmusterbogen; Gamaschen, Schwanz und Ohren Seite B
Schwierigkeit: **

Materialien

Das Oberteil

- 1 m Baumwollstoff in Schwarz, 1,40 m breit
- 60 cm Schrägband in Schwarz, 2 cm breit
- 50 cm Filz in Rot, 1 m breit
- Textilmalfarben in Braun, Weiß und Schwarz
- 1 Pinsel
- weißer Kreidestift für Stoff

Der Schwanz und die Ohren

- 30 cm Wollfilz in Schwarz, 1 m breit
- 1,50 m Baumwoll-Nahtband in Schwarz, 3 cm breit
- Füllmaterial
- schmaler Haarreif
- Reste von schwarzem Wollfilz (für die Ohren)

Die Gamaschen

- 50 cm Filz in Rot, 1 m breit (Gamaschen, Gürtel, Rosette am Hut)
- 20 cm Gummiband, 1,5 cm breit
- Klebepistole

Accessoires

- schwarze Leggins
- 1 Paar schwarze Gymnastikschuhe
- schwarzer Hut
- grüne Straußenfeder
- Degen
- goldfarbene Gürtelschließe

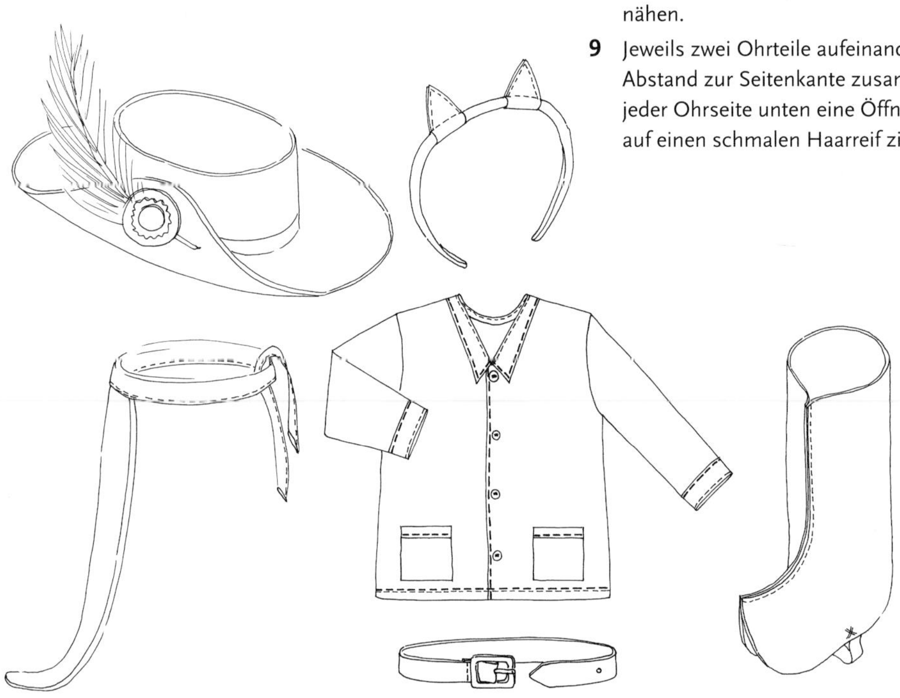

So wird's gemacht

1 Die benötigten Teile vom Schnittmusterbogen abnehmen und aus Stoff zuschneiden.

2 Das Oberteil aus dem schwarzen Baumwollstoff nähen (siehe Praktischer Teil, S. 34).

3 In das Oberteil einen Karton schieben, bevor Sie es bemalen. Den Kragen, die Knöpfe und die Taschen in Braun aufmalen. Lichteffekte in Weiß setzen und Schatten in Schwarz. Die falschen Steppnähte werden in Weiß aufgezeichnet.

4 **Den Hut dekorieren:** Aus rotem Filz drei unterschiedlich große Kreise ausschneiden. Diese übereinanderkleben und dabei dazwischen die Straußenfeder kleben. Anschließend die Verzierung an den Hut kleben.

5 **Den Gürtel anfertigen:** Aus rotem Filz einen 1 m langen Streifen zuschneiden; an einem Streifenende ein Loch in die Mitte des Streifens bohren und den Streifen in die Gürtelschließe fädeln.

6 **Den Schwanz vorbereiten:** Die beiden Schwanzteile rechts auf rechts legen und die beiden Seitennähte schließen, dabei oben eine Öffnung lassen. Den Schwanz nach rechts wenden und mit Füllmaterial füllen.

7 Den Schwanz mittig am roten Baumwoll-Nahtband platzieren, dann das Band der Länge nach zur Hälfte legen und in der Mitte absteppen, dabei den Schwanz zwischen den beiden Stofflagen festnähen.

8 **Die Gamaschen anfertigen:** Die Gamasche zur Hälfte legen und die Vordernaht schließen. An jede Gamasche an den Markierungen ein 10 cm langes Gummiband nähen.

9 Jeweils zwei Ohrteile aufeinanderlegen und mit 3 mm Abstand zur Seitenkante zusammennähen, dabei an jeder Ohrseite unten eine Öffnung lassen. Die Ohren auf einen schmalen Haarreif ziehen.

3 Das Muster auf das Oberteil malen

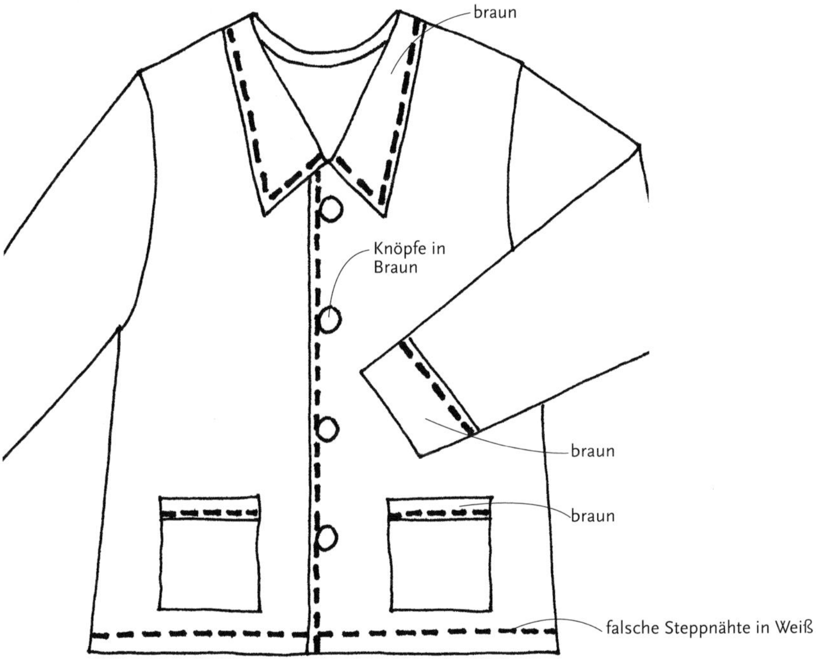

4 Den Hut dekorieren

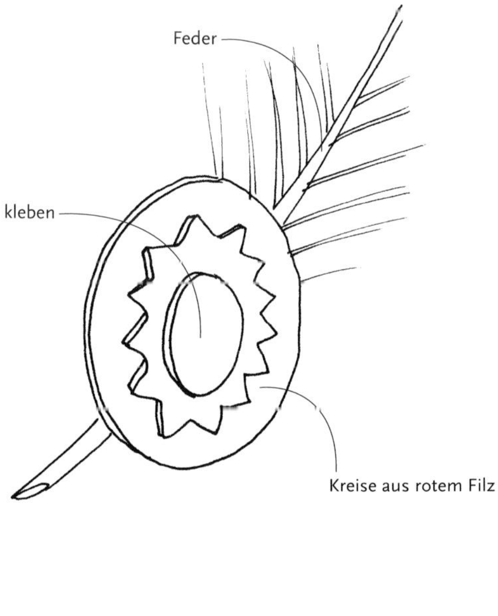

5 Den Gürtel anfertigen

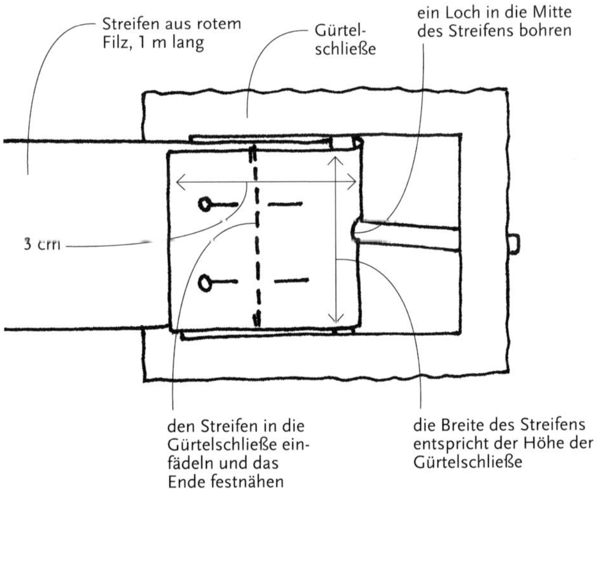

6, 7 Den Schwanz anfertigen

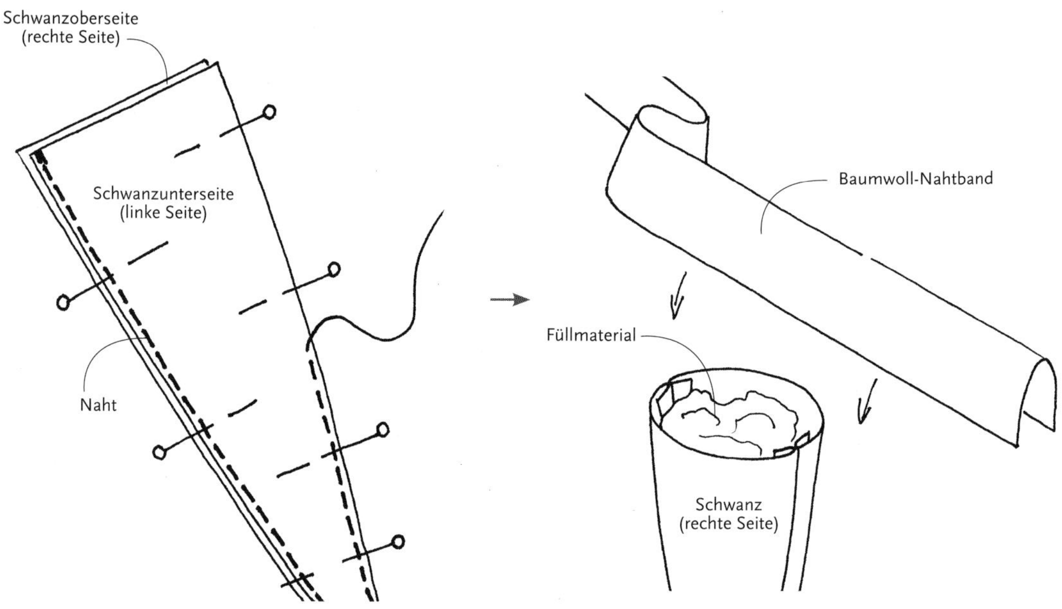

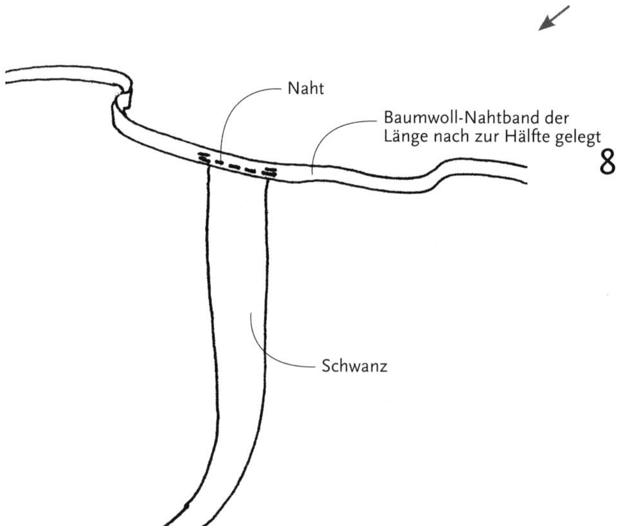

8 Die Gamaschen anfertigen

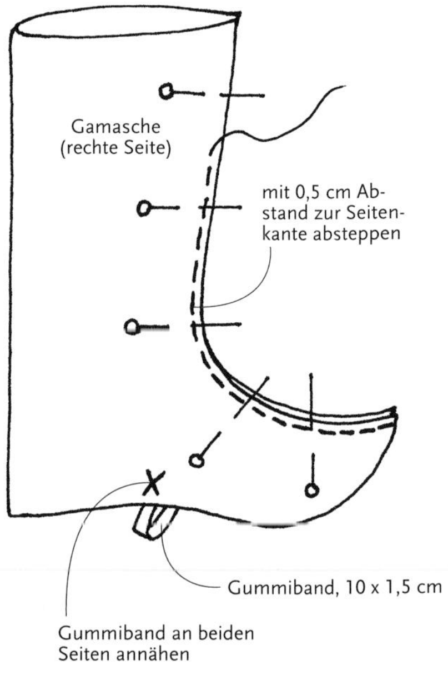

Das Entenküken > Seite 28

▸ Umhang Seite A auf dem Schnittmusterbogen; Bloomer-Hose, Füße und Schnabel Seite B
Schwierigkeit: ✻✻

Materialien

Das Kostüm

- 60 cm Wollfilz in Gelb, 1,50 m breit (Futter)
- 30 cm Wollfilz in Orange, 1,50 m breit
- 1 m Leinen in Beige, 1,50 m breit
- Stoffbademütze in Weiß oder Gelb
- 2 Federboas in Gelb
- 1 m Seidenband in Gelb, 7 cm breit (Umhang)
- 1 m Gummiband, 1,5 cm breit
- dicker Farbkarton in Gelb und Gummiband (Schnabel)
- Füllmaterial
- 4 kleine Knöpfe, 1 cm Durchmesser

Accessoires

- weißes T-Shirt mit langen Ärmeln
- Strumpfhose in Beige
- 1 Paar orangefarbene Gymnastikschuhe

So wird's gemacht

1 **Die Haube anfertigen:** An die Bademütze eine Federboa nähen, dabei oben beginnen und die Boa spiralförmig mit kleinen Stichen an die Mütze nähen.

2 Den Schnabel mithilfe einer Schablone aus dem Farbkarton schneiden. In die Ecken zwei Löcher für das Gummiband bohren; den Schnabel in der Mitte falten.

3 Die Füße aus dem orangefarbenen Filz zuschneiden. Die Füße an den Außenkanten zusammennähen und mit Füllmaterial füllen.

4 Zwei Schlaufen aus Gummiband zwischen die zwei Stofflagen eines Fußschafts legen. Den Fußschaft rundherum abnähen. Gegenüber der Schlaufen zwei Knöpfe annähen.

5 **Den Umhang anfertigen:** Aus dem Stoff und aus dem Wollfilz (Futter) die drei Teile für den Umhang zuschneiden, anschließend die Stoffteile und die Futterstoffteile an den Schulternähten schließen. Sie erhalten einen Umhang aus Stoff und einen aus Wollfilz.

6 Den Umhang und das Futter rechts auf rechts legen und zusammennähen, dabei am Saum 10 cm offen lassen. Den Umhang nach rechts wenden und die Öffnung von Hand schließen. Die restliche Federboa an den Saum des Umhangs nähen.

7 **Die Bloomer-Hose anfertigen:** Die Hosenteile aus Leinen zuschneiden. Die Naht zwischen den Beinen schließen, dabei an der Rückseite eine Öffnung für einen Tunnelzug lassen; das Gummiband durch den Tunnel an der Taille ziehen.

8 Die Beinnähte schließen, dabei am Saum eine Öffnung für das Gummiband lassen.

9 Am Hosenbund den Stoff zweimal umschlagen und mit einer doppelten Naht (für den Tunnelzug) absteppen. Das Gummiband durchziehen und die Enden des Gummibands zusammennähen. Am Saum der Hosenbeine ebenfalls einen Tunnelzug arbeiten und ein Gummiband durchziehen.

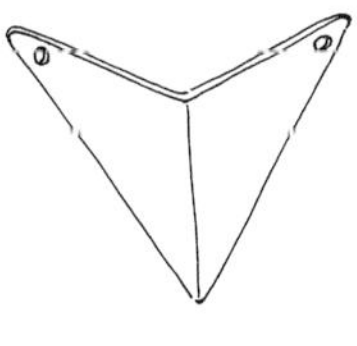

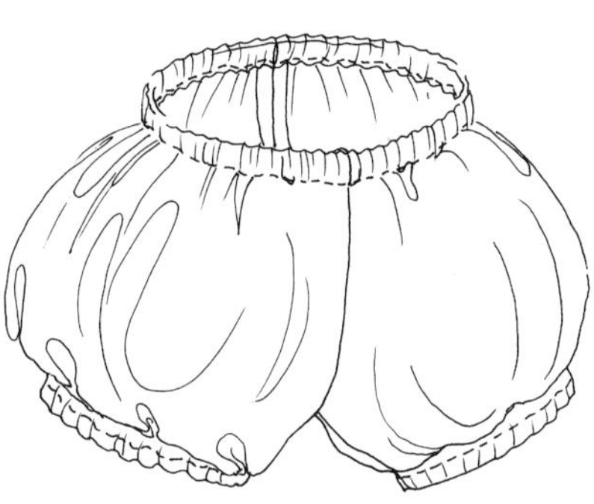

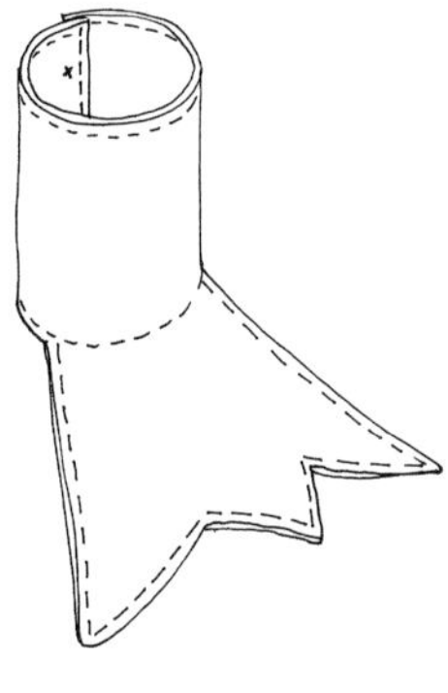

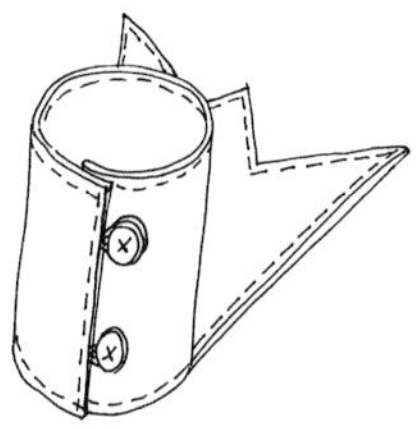

1 Die Haube anfertigen

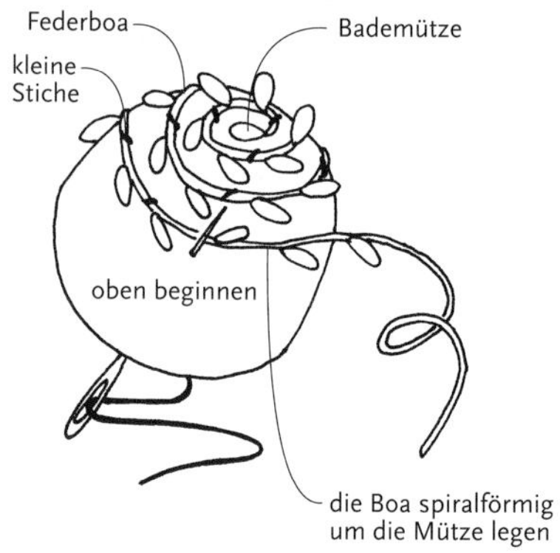

2 Den Schnabel zuschneiden

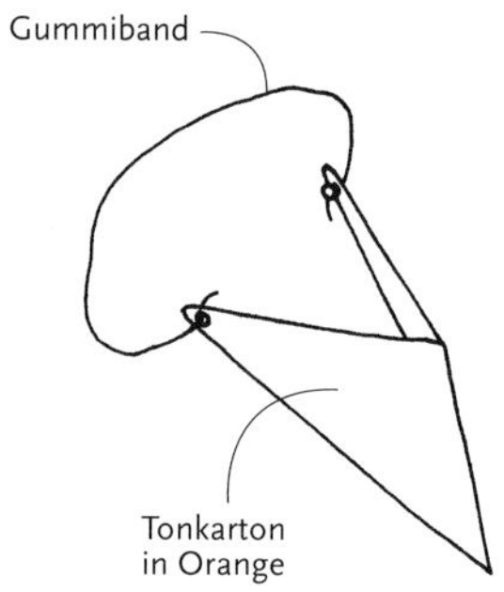

3, 4 Die Füße anfertigen

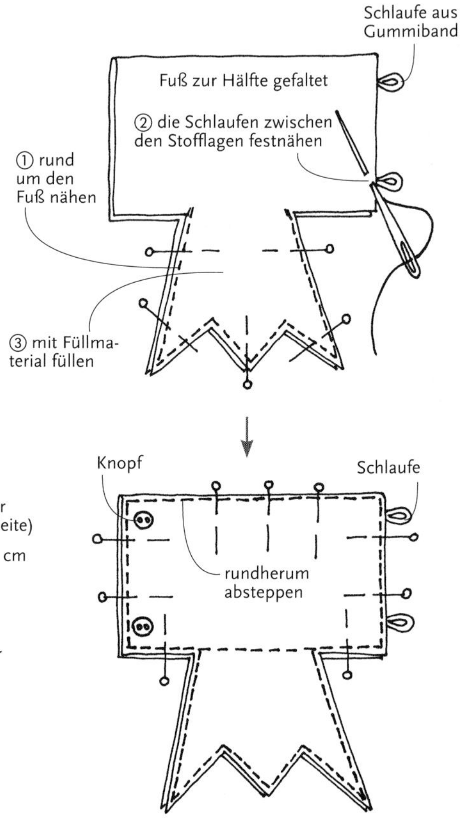

5, 6 Den Umhang anfertigen

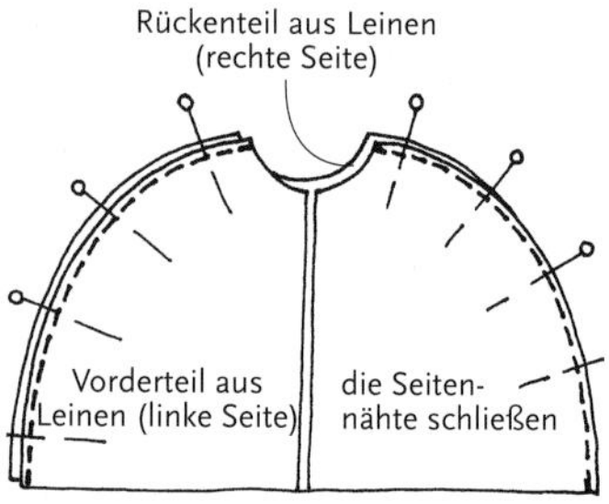

* einen weiteren Umhang aus Futterstoff in gleicher Weise anfertigen

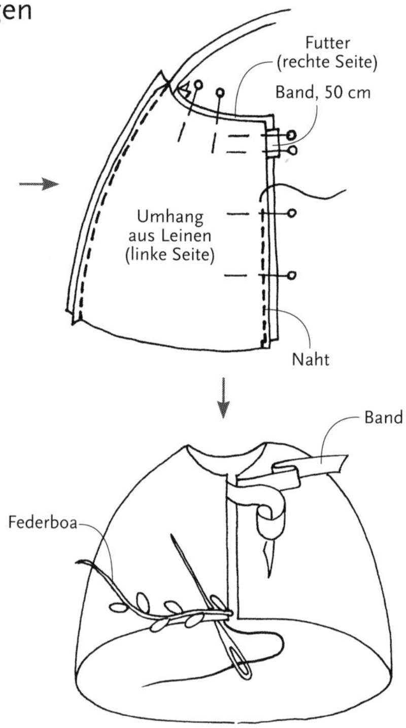

7, 8, 9 Die Bloomer-Hose anfertigen

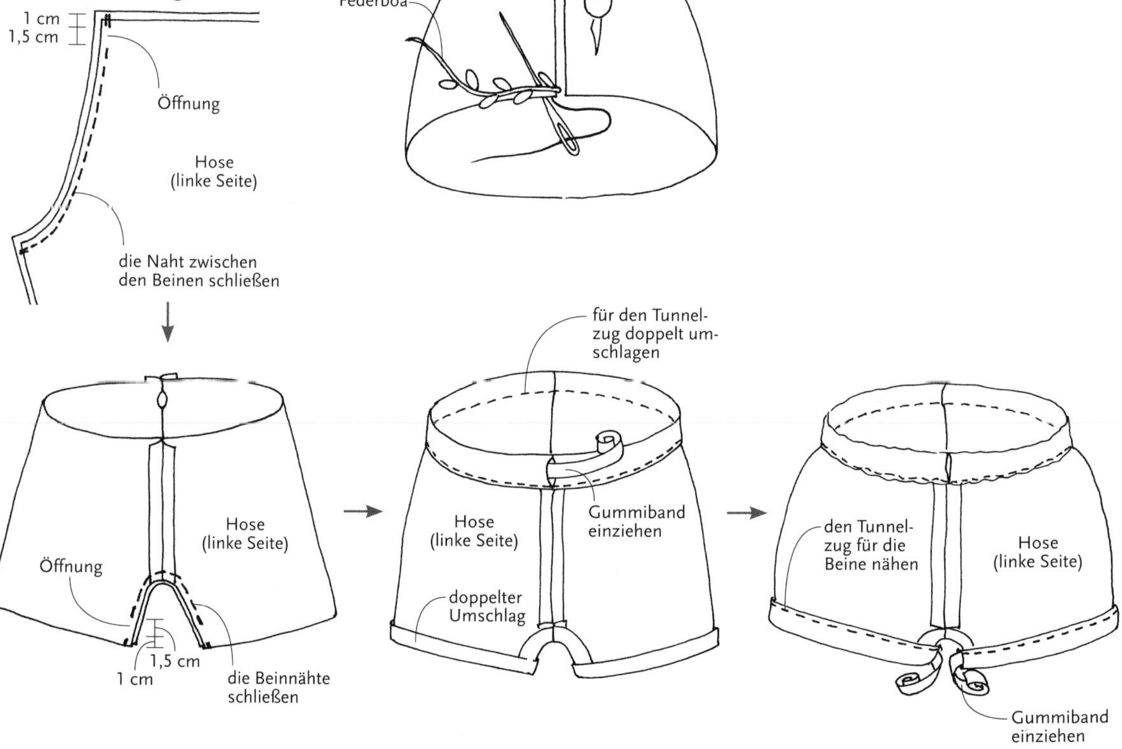

Die Wasserfee > Seite 28

▸ Kleid Seite A auf dem Schnittmusterbogen; Schuppen Seite B
Schwierigkeit: ✻✻

Materialien

Das Kleid

- 1,20 m Leinenstoff in Beige, 1,40 m breit
- drei verschiedene, glitzernde Stoffe, jeweils 50 x 60 cm
- 1,50 m Schrägband in Beige, 3 cm breit
- etwa 80 selbstklebende Strasssteine in Weiß

Die Schleppe

- 80 cm steifer Tüll in Grün, 1,50 cm breit
- 1,50 m Tüll in Grün mit Pailletten, 1,50 m breit
- 1,50 m Baumwoll-Nahtband in Grün, 3,5 cm breit

Accessoires

- 1 Paar weiße Gymnastikschuhe
- Muschelarmband
- breiter Haarreif, mindestens 1 cm breit
- 6 weiße Muscheln
- silberne Pailletten
- Klebepistole

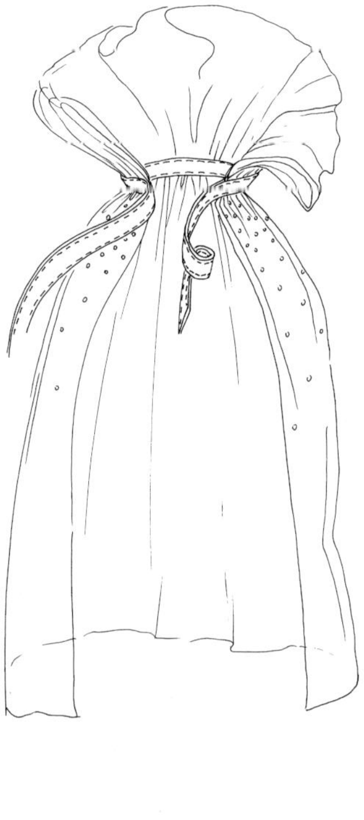

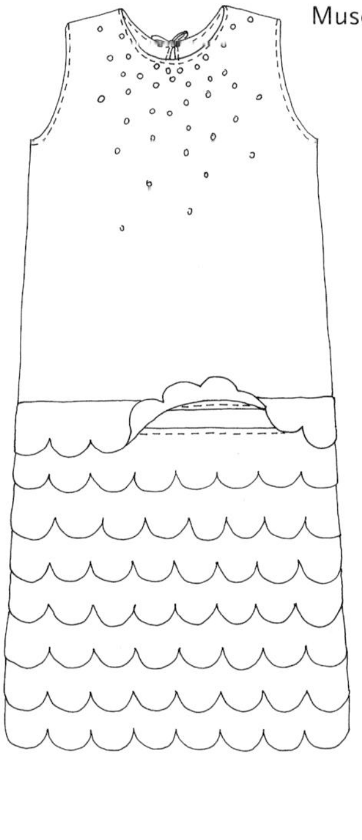

So wird's gemacht

1. Eine Schablone für die Schuppen anfertigen.
2. Das lange Kleid aus dem beigefarbenen Leinenstoff nähen, dabei die Seitennähte nicht schließen (siehe Praktischer Teil, S. 35).
3. Mithilfe der Schablone aus den drei unterschiedlichen Stoffen acht Schuppenbänder zuschneiden. Das erste Band unten an das Vorderteil des Kleids stecken, dabei die Schuppen über den Kleidersaum ragen lassen; das Band aufnähen.
4. Das zweite Band 7 cm über dem ersten anstecken und aufnähen. Auf diese Weise nacheinander die Schuppen bis zum vorletzten Band aufnähen.
5. Das letzte Band rechts auf rechts auf das Kleid stecken, 5 cm über dem vorletzten, und aufnähen. Wenden.
6. Die Seitennähte des Kleids rechts auf rechts schließen. Die Strasssteine rund um den vorderen Halsausschnitt aufkleben – oben sehr nah beieinander und unten weiter voneinander entfernt.
7. **Die Schleppe anfertigen:** Den steifen Tüll der Länge nach zur Hälfte legen und den weichen Tüll dazwischenlegen, einen Kräuselfaden durchziehen und den Stoff entsprechend dem Halsumfang des Kinds zusammenziehen.
8. Das Baumwoll-Nahtband in zwei gleich lange Stücke schneiden. Den gekräuselten Abschnitt der Schleppe mittig auf das Baumwoll-Nahtband legen, feststecken und anheften, dabei darauf achten, dass die Kräuselfalten erhalten bleiben. Das zweite Baumwoll-Nahtband auf der anderen Seite der Schleppe aufstecken, heften und rundherum absteppen.
9. **Die Krone basteln:** Die silberfarbenen Pailletten auf die Muscheln kleben. Die Muscheln an den Haarreif kleben.

3, 4 Sieben Schuppenbänder aufnähen

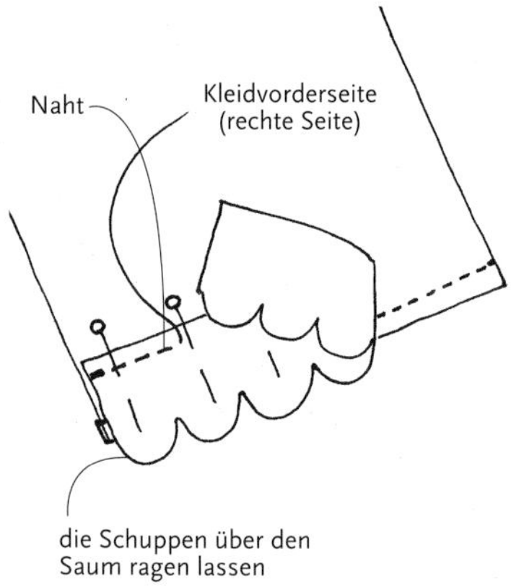

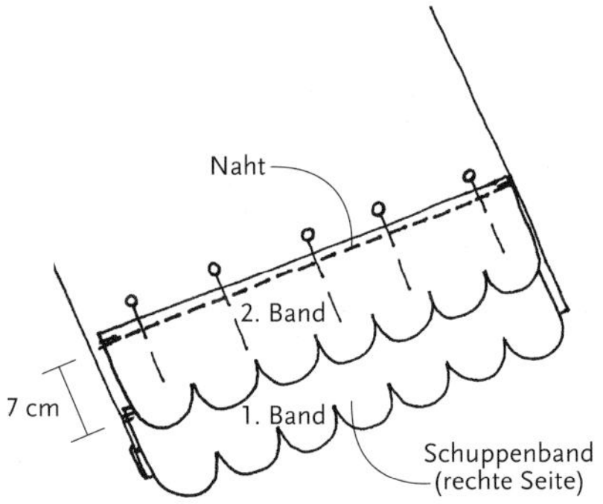

5 Das letzte Band anbringen

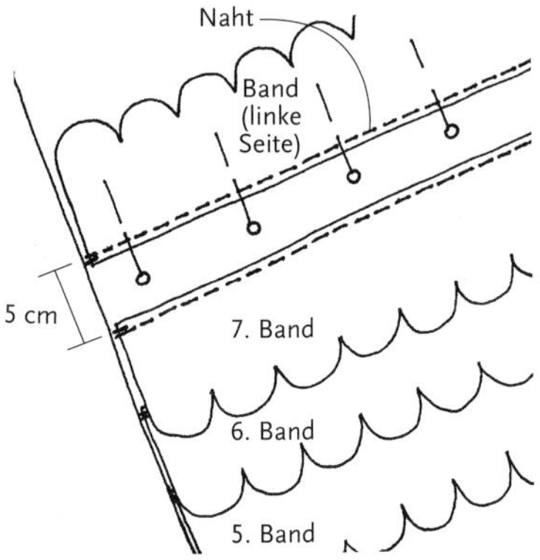

6 Das Kleid fertigstellen

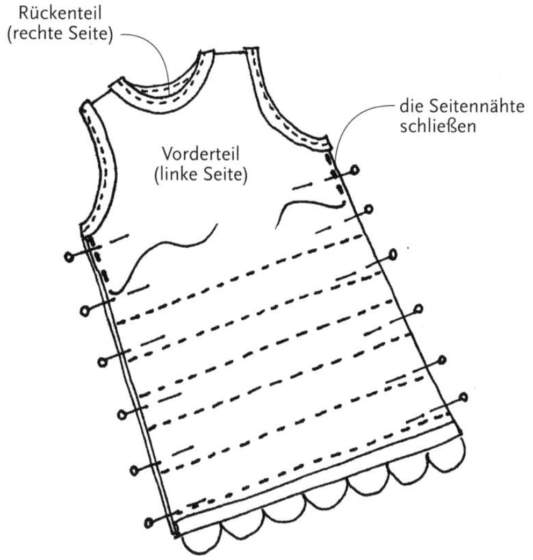

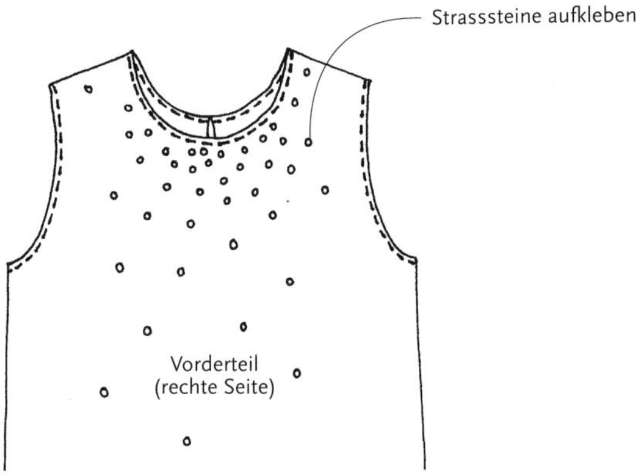

7, 8 Die Schleppe anfertigen

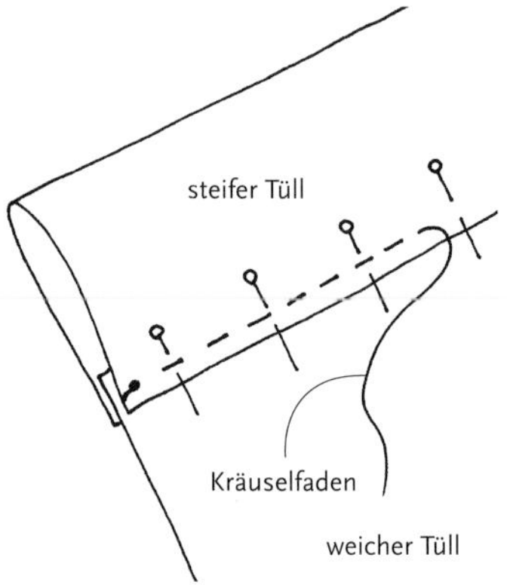

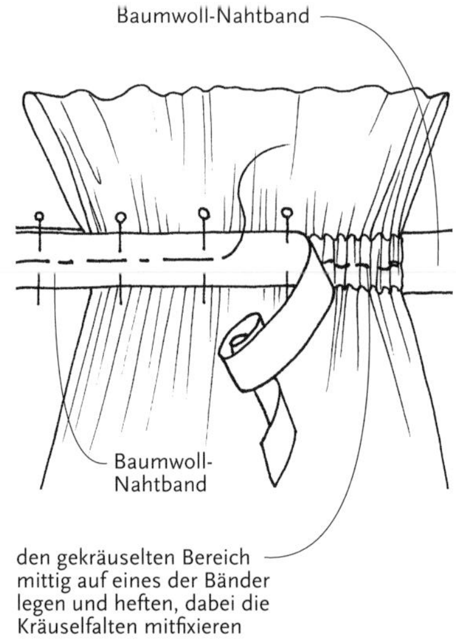

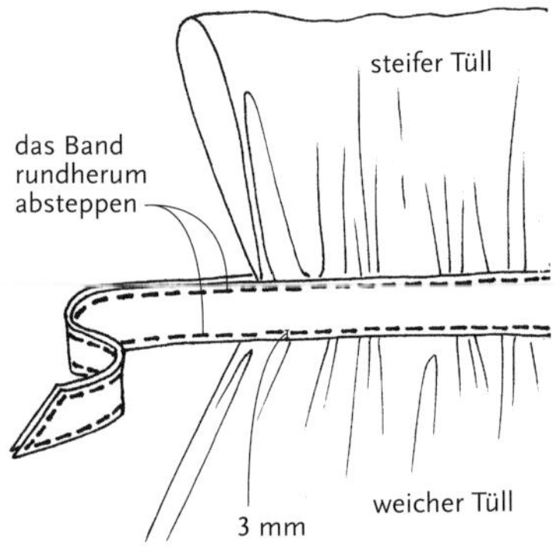

Der Drache > Seite 29

Materialien

Der Körper

- 1,70 m Kunstleder in Schlangenoptik, 1,40 m breit (Körper und Kapuze)
- 30 cm dünner Plastikstab, 3 mm Durchmesser (für die Kammverstärkung)
- Fischbeine

Kamm und Kapuze

- 1,20 m roten Wollfilz, 1 m breit
- Füllmaterial
- 2 schwarze Knöpfe, 2,5 cm Durchmesser (Kapuze)
- 30 cm Gummiband (Kapuze)
- Druckknopf in Schwarz, 2 cm Durchmesser

Accessoires

- schwarzes T-Shirt mit langen Ärmeln
- schwarze Leggins
- 1 Paar schwarze Gymnastikschuhe

Zuschnittplan für das Kunstleder

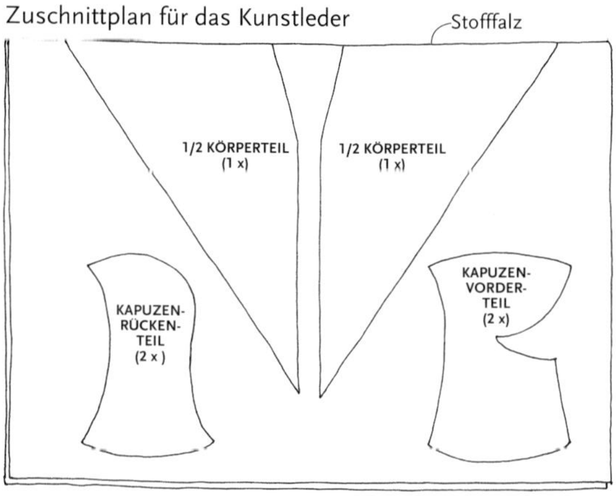

▸ Rückenkamm, oberer Kapuzenkamm, untere Zacken an der Kapuze Seite A auf dem Schnittmusterbogen; Körper, Rückenkamm, Kamm auf der Vorderseite, Krallen und Schwanzspitze Seite B
Schwierigkeit: ✻✻✻

So wird's gemacht

1 Die Schnittteile in der benötigten Größe vom Schnittmusterbogen abnehmen und nach dem Zuschnittplan aus dem Kunstleder zuschneiden.

2 **Die Kapuze anfertigen:** Den oberen Kamm und die unteren Kapuzenzacken doppelt zuschneiden.

3 Die beiden oberen Kammteile zusammennähen, dabei eine Öffnung lassen. Den Kamm mit Füllmaterial füllen – nicht zu fest – und die Öffnung schließen.

4 Die Kapuzenteile zusammennähen: ein Vorderteil links auf links mit einem Rückenteil. Den Vorgang mit den übrigen beiden Kapuzenteilen wiederholen.

5 Vorne an der Kapuze einen Druckknopf aufnähen. Die Zacken auf der linken Seite der Vorderteilhälften unten an der Kapuze aufstecken und annähen.

6 Die beiden Kapuzenteile links auf links zusammennähen, dazu den Kapuzenkamm zwischen die beiden Stofflagen legen und beim Zusammennähen miterfassen, die Naht oben an der Kapuze beginnen.

7 Aus rotem Wollfilz zwei Kreise zuschneiden, etwas größer als die Knöpfe, und an den Markierungen an der rechten Seite der Kapuze zuerst die roten Kreise und darüber die Knöpfe nähen (Augen). Oben an der Kapuzenöffnung ein Gummiband durchziehen und einkräuseln.

8 **Den Schwanz vorbereiten:** Jeweils ein Rückenkammteil und eine Schwanzspitze zusammennähen.

9 Die beiden Teile zusammennähen, dabei eine Öffnung lassen. Kamm und Schwanz mit Füllmaterial – nicht zu fest – füllen und die Öffnung schließen.

10 **Den Körper anfertigen:** Die Seitennähte schließen; dadurch entstehen die Ärmel. Für den Tunnel für die Verstärkungsstäbchen zwei parallel liegende Nähte anfertigen, die Stäbchen einführen und die Öffnung schließen.

11 Die beiden Vorderteile links auf links zusammennähen, dabei am Halsausschnitt beginnen.

12 Den Rückenkamm zwischen die beiden Stofflagen der Rückenteile legen und die Naht schließen, dabei am Halsausschnitt beginnen. Die Schwanzspitze offen lassen und dicht an den Zacken arbeiten.

13 **Die Krallen anfertigen:** Die zwölf Dreiecke aus rotem Wollfilz zusammennähen; Sie erhalten sechs Krallen.

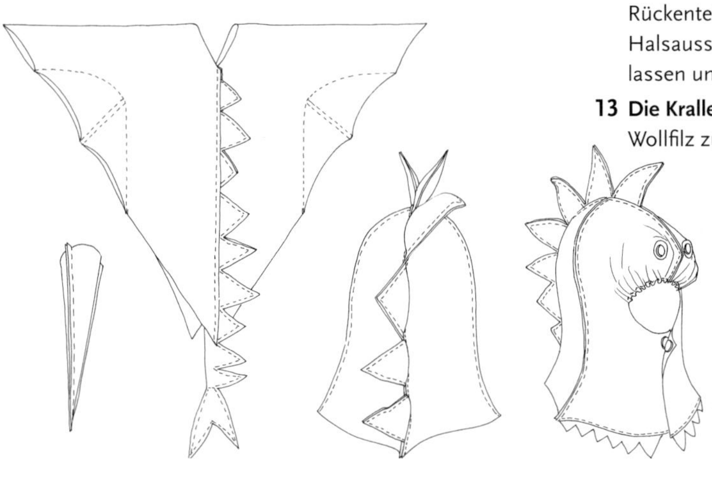

2 Den oberen Kamm und die unteren Kapuzenzacken zuschneiden

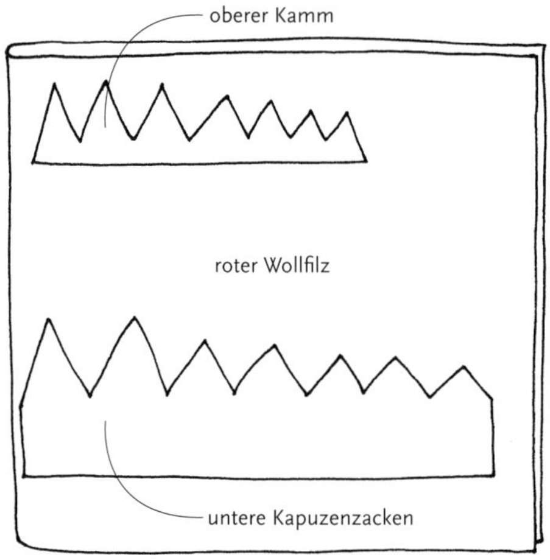

3 Den oberen Kamm nähen

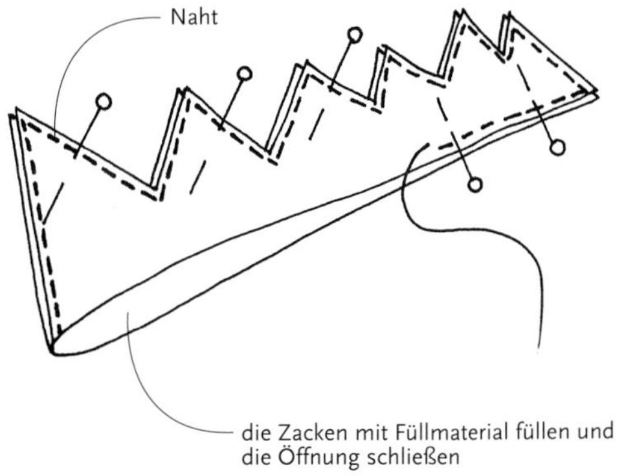

4, 5, 6 Die Kapuze nähen

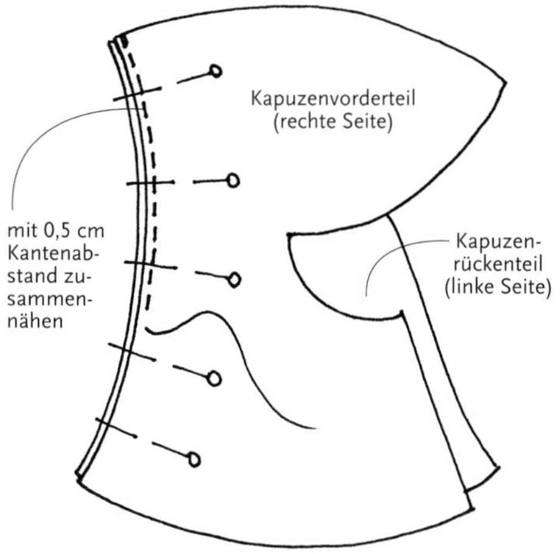

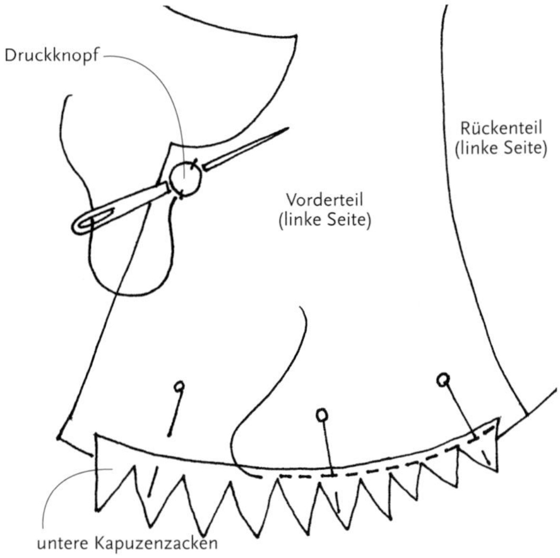

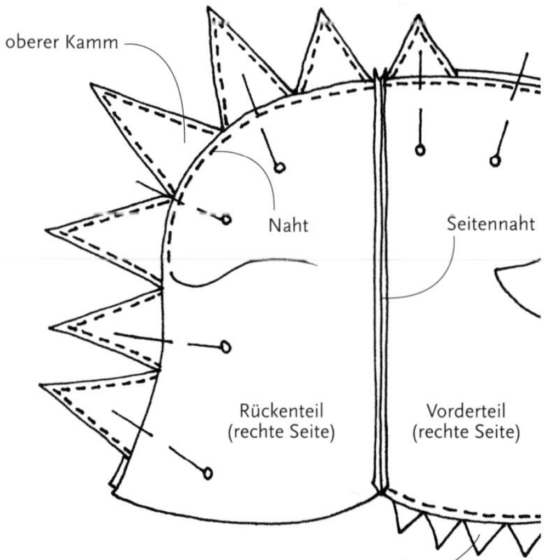

7 Fertigstellung

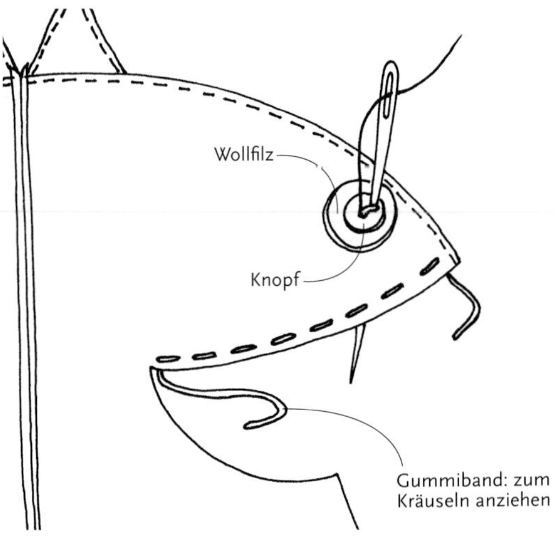

8, 9 Den Schwanz vorbereiten

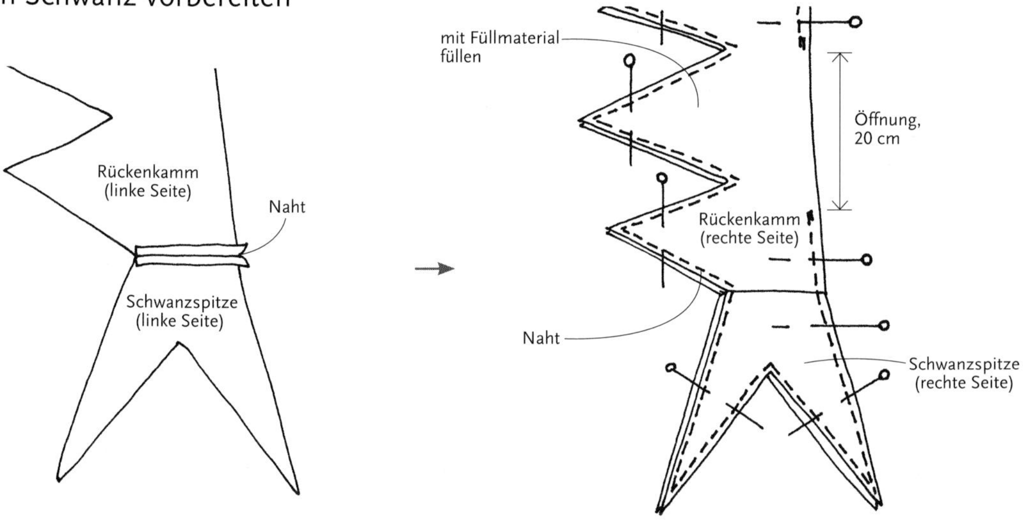

10, 11 Den Körper anfertigen

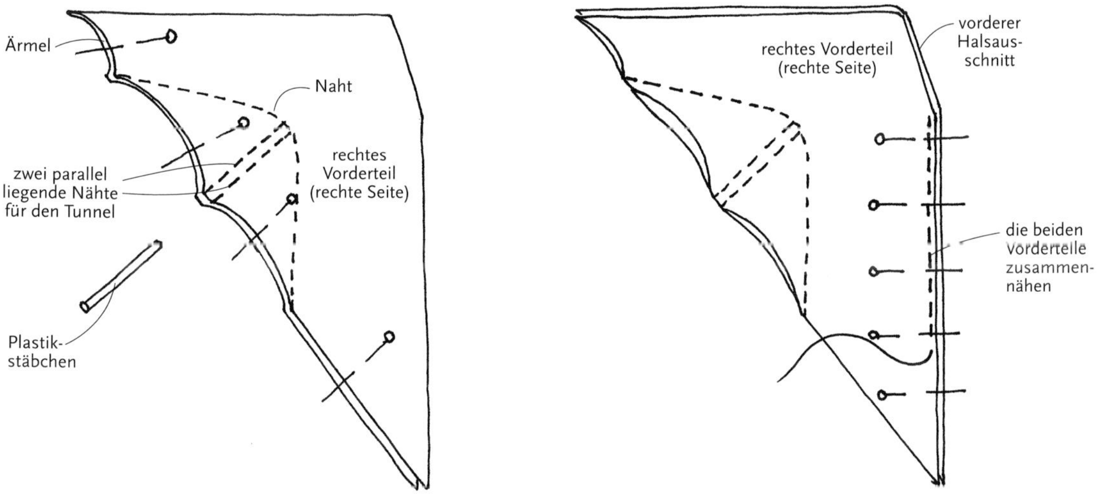

12 Den Körper und den Schwanz zusammennähen

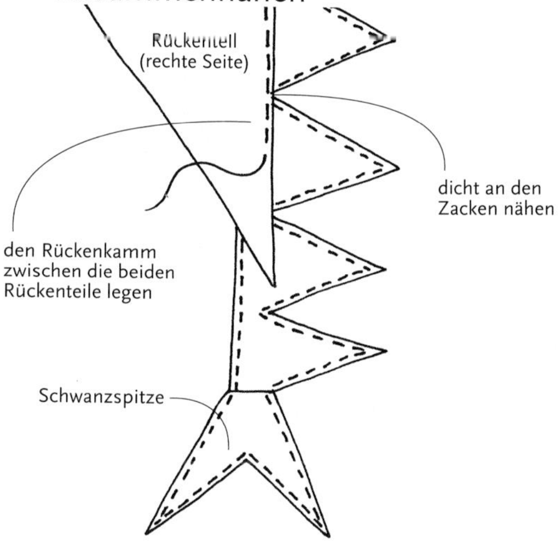

13 Die Krallen anfertigen

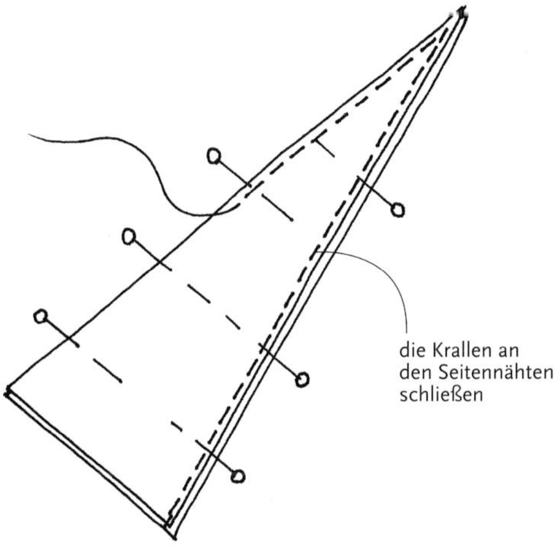

Die Maus > Seite 30

► Ohren Seite A auf dem Schnittmusterbogen;
Schwanz Seite B
Schwierigkeit: ✻

Materialien

Das Kostüm

– 3 Stücke steifer Tüll in Grau, 4,50 x 0,50 m
– 25 cm Leinen in Rosa, 1,40 m breit
– 30 cm Wollfilz in Grau, 1 m breit
– 1,50 m graues Baumwoll-Nahtband, 3 cm breit (für den Schwanz)
– Füllmaterial
– 60 cm Gummiband, 1,5 cm breit
– dünner Haarreif

Accessoires

– graues T-Shirt mit langen Ärmeln
– graue Leggins
– 1 Paar schwarze Gymnastikschuhe

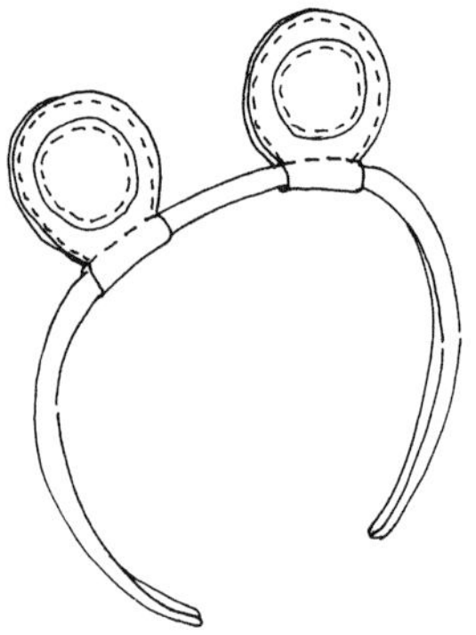

So wird's gemacht

1 **Das Tutu anfertigen:** Bei den drei Tüllstücken die Seitennähte schließen. Die drei Teile ineinanderstecken und die halbe Höhe mit einem Heftfaden markieren.

2 An der Heftmarkierung die Tüllteile nach außen umlegen und oben am Falz abnähen, sodass ein Tunnelzug entsteht, dabei eine Öffnung lassen. Durch die Öffnung das Gummiband einziehen. Die Enden des Gummibands zusammennähen und die Öffnung mit kleinen Stichen schließen. Die sechs Stofflagen des Tüllrocks auseinanderziehen, sodass das Tutu sich aufbauscht.

3 **Die Schleife anfertigen:** Aus rosafarbenem Leinen zwei Quadrate zuschneiden. Die beiden Teile links auf links aufeinanderlegen und rundherum absteppen, dabei eine Öffnung lassen. Wenden und Öffnung von Hand schließen.

4 Aus rosafarbenem Leinen einen Streifen zuschneiden. Den Streifen links auf links der Länge nach zur Hälfte legen, der Länge nach absteppen und wenden. Die Streifenenden zu einer Schlaufe zusammennähen. Das Quadrat durch die Schlaufe ziehen, eine Schleife formen und fixieren. Die Schleife mit einigen Stichen am T-Shirt befestigen.

5 **Die Ohren anfertigen:** Aus grauem Wollfilz vier Ohren (zwei Ohrteile im Stoffbruch angelegt) und aus rosafarbenem Leinen zwei Kreise zuschneiden. Einen rosafarbenen Kreis auf ein graues Ohr nähen. Dann die Ohren zur Hälfte legen und rundherum so absteppen, dass beim Stoffbruch ein Tunnel entsteht. Die Ohren über den Haarreif ziehen.

6 **Den Schwanz anfertigen:** Die beiden Schwanzteile rechts auf rechts aufeinanderlegen und an den Seiten zusammennähen, dabei oben am Schwanz eine Öffnung lassen. Den Schwanz nach rechts wenden und mit Füllmaterial füllen (siehe Schritt 6 und 7, Seite 70).

7 Beim grauen Baumwoll-Nahtband die Mitte markieren. Das Band der Länge nach zur Hälfte legen und in der Mitte absteppen, dabei den Schwanz zwischen den beiden Stofflagen festnähen.

8 **Die Pompons für die Schuhe anfertigen:** Aus dem rosafarbenen Leinen zehn Kreise zuschneiden. Jeden Kreis zweimal mittig falten und mit einigen Stichen fixieren. Die zehn Kreise in der Mitte zusammennähen. Einen zweiten Pompon anfertigen. Die Pompons mithilfe eines Gummibands an die Gymnastikschuhe nähen.

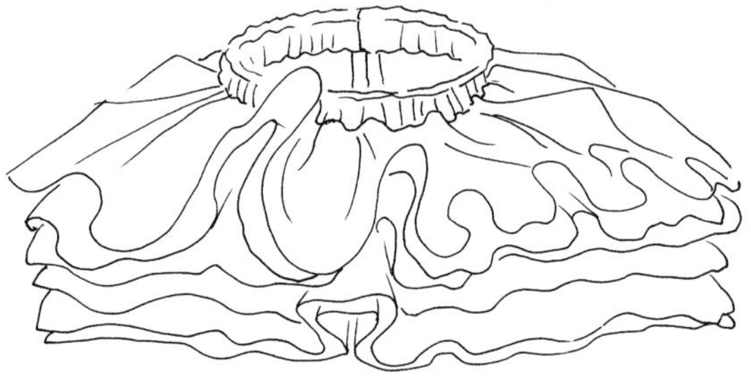

1, 2 Das Tutu anfertigen

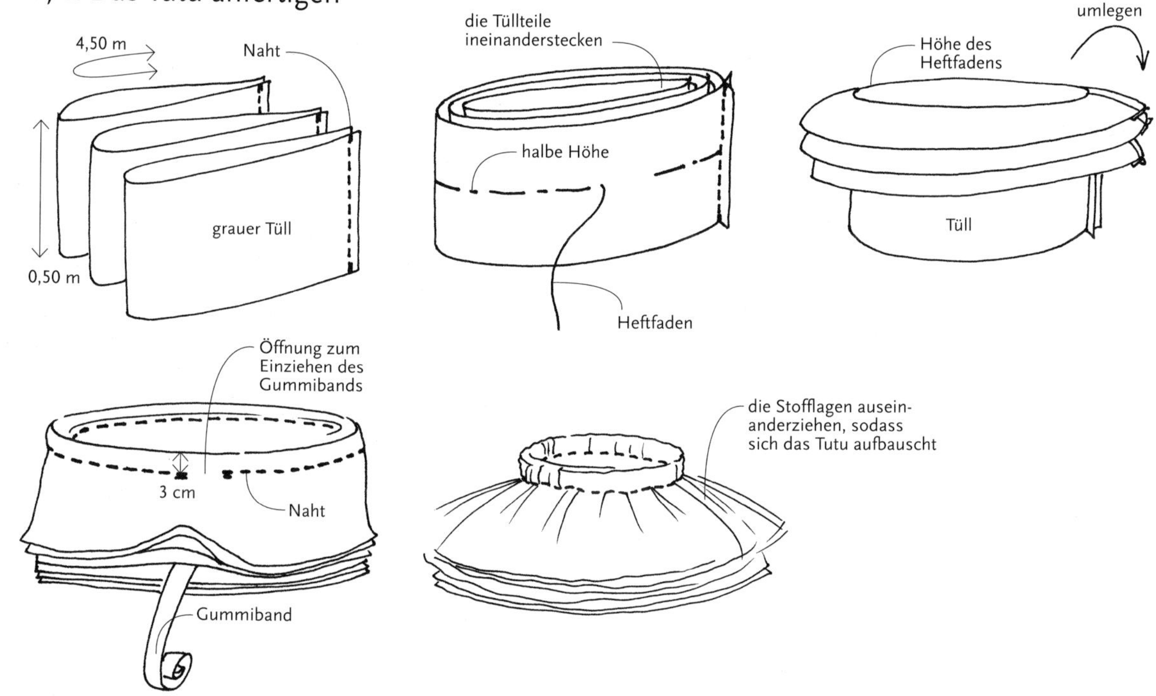

3, 4 Die Schleife anfertigen

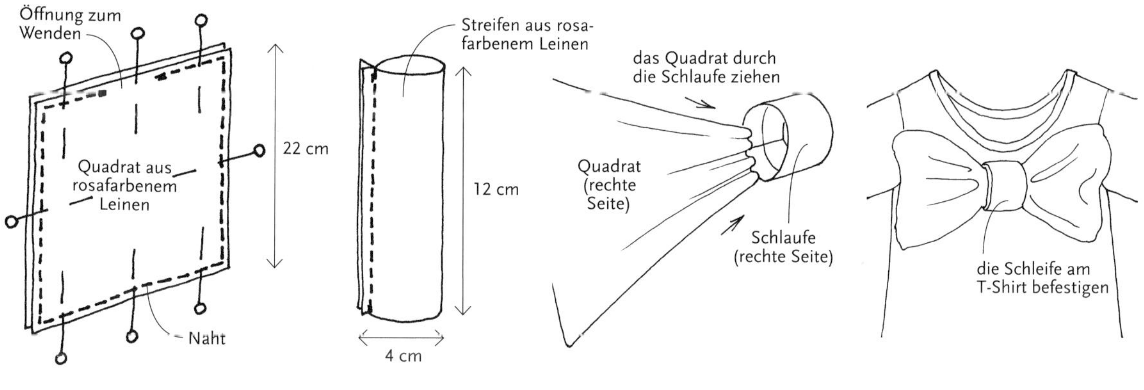

5 Die Ohren anfertigen

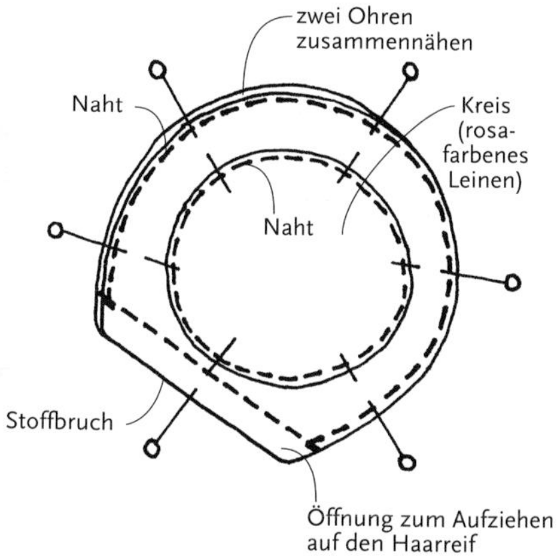

8 Die Pompons anfertigen

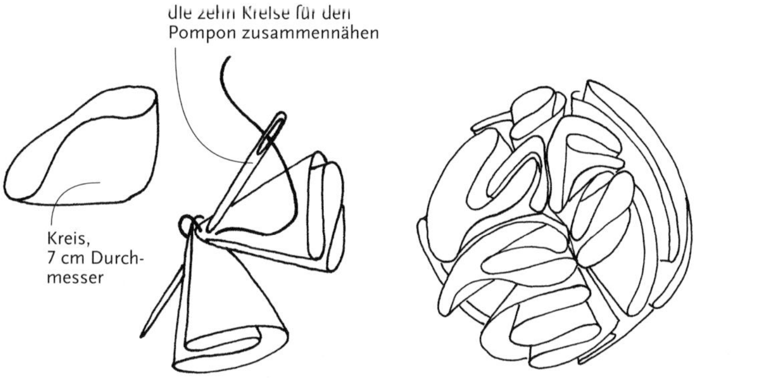

ISBN 978-3-572-08047-2

Die französische Originalausgabe erschien unter dem Titel *Déguisements d'enfants*.

Autorinnen: Juliane Bleckmann und Valérie Dumont
Fotos: Bob Norris
Projektkoordination dieser Ausgabe: Dr. Iris Hahner
Umschlaggestaltung: Atelier Versen, Bad Aibling
Übersetzung: Elfriede Kilian
Redaktion und Producing: THEMA media GmbH & Co. KG, München
Herstellung: Sonja Storz

Verlagsgruppe Random House FSC®-DEU-0100
Das für dieses Buch verwendete FSC®-zertifizierte Papier *Profimatt* liefert Sappi, Ehingen

MIX
Papier aus verantwortungsvollen Quellen
FSC
www.fsc.org
FSC® C005833

Druck und Bindung: Těšínská Tiskárna, a.s, Český Těšín

Printed in Czech Republic

817 2635 4453 6271